老派情書

孤單而不寂寞，致豐盛的熟齡人生

Left on Tenth

A Second Chance at Life:
A Memoir

Delia Ephron
迪麗亞・伊佛朗——著

傅恩臨——譯

獻給彼得

目次

如果你人在紐約曼哈頓，沿著第五大道或第七大道開車朝華爾街方向前進，然後你想去第十街，那麼你必須在看到路標後左轉。這是一條由西向東的單行道。在第十街左轉，是我回家的必經之路。丈夫去世後，我被留在了第十街。自此之後，我的人生迂迴曲折，危難和美好錯落交織——這本書要講的，就是關於這些轉折的故事。

第一部　離開
Left

六月的時候，我得知我的丈夫就快要死了。過去六年來，他一直活在癌症末期的陰影下，沒想到突然間，他的病情急轉直下。

我們最後一次和癌症醫師碰面時，他遞給我們一張「不實施心肺復甦術」（DNR）的同意書，要我們把它貼在冰箱上。「他們通常都會往冰箱門上找。」他說。他口中的「他們」，是指救護人員。

我希望傑瑞可以在家中過世，他也希望如此，但我們並沒有對此多做討論。我對此很執著，因為我認為讓他在自己的床上離世，是我能夠給他的一份禮物。我們的臥房採光良好，牆壁是淡雅的薄荷綠。所以我想，身為作家的他，狀況好的時候可以坐在書桌前寫作；若他需要打個盹——如今他大部分的時間都是如此度過——他可以在他的沙發上小憩一會兒。

我們很喜歡住在第十街，這裡是格林威治村（Greenwich Village）綠葉成蔭的美麗街區，也因此，我實在沒有辦法讓他在某個顯然是讓人等死的地方走向人生的終點。

我們重寫了遺囑，更新了健康照護的代理人。

我也開始演練獨自一人要如何生活。我會和朋友出去喝咖啡或參加活動，在回家的路上，我會告訴自己，**想像你現在回到家，傑瑞已經不在了。他不會在那裡聽你分享、**

咆哮、大笑，也不會在那裡安慰你。

要預備自己面對未知、面對沒有他的人生，我發現我需要感受到自己還活著。我需要在街道上快步前進，我需要出門、和朋友相處。我不想要死。我不是指我不想和傑瑞在一起，然而感受到自己活著，幾乎可說是我最原始的需求。於是我的內心起了衝突——想要和傑瑞共赴黃泉，同時也想要與死亡離得夠遠，知道自己能活得多精采。

我在三十歲出頭時遇見傑瑞，那時我正以作家的身分逐漸展露頭角。在我們交往的第一年，我的書《吃得像個孩子》（*How to Eat Like a Child*）出版了，我還記得他在隔壁房間邊讀邊笑的聲音。

傑瑞是一名劇作家和編劇，那時他在紐約參與《舞廳》（*Ballroom*）的演出——這是一齣根據他的電視電影《星塵舞廳皇后》（*Queen of the Stardust Ballroom*）所改編的音樂劇。某一天，我們的一位共同朋友邀他到我的公寓，我們一拍即合、墜入情網。我覺得他就是我尋覓大半輩子的伴侶，他也心有同感。他總是把鬍子修剪得整齊清爽，頂著一頭濃密的淺棕色頭髮。他有著深情的褐色眼睛，而他的聲音平滑順耳，是完美的男高音。我們的關係就像所有的關係一樣，有其獨特的爭執點和挑戰，然而多年來，我們之間的歧異卻使我們更加緊密。我們知道我們是天生一對，而我們能找到彼此，更是全天下最幸運的事。

在認識傑瑞之前，我對愛情所知不多。我在比佛利山莊長大，父母都是劇作家，也是彼此的最佳搭擋。你應該會在特納經典電影頻道（Turner Classic Movies）看到他們所寫的電影：凱瑟琳·赫本（Katharine Hepburn）和史賓塞·屈賽（Spencer Tracy）的《電腦風雲》（*Desk Set*），佛雷·亞斯坦（Fred Astaire）和萊絲麗·卡儂（Leslie Caron）的《長腿叔叔》（*Daddy Long Legs*），還有瑪麗蓮夢露（Marilyn Monroe）在當中大唱「熱浪來襲」的《娛樂世界》（*No Business like Show Business*）。我在他們的期望中成長——他們希望我們四姊妹全都成為作家——但我酗酒的母親對我相當冷漠，她在五十幾歲時便因為肝硬化過世了。我父親比較慈愛，但他總是焦慮又黏人，不僅有躁鬱症，也同樣嗜酒。

傑瑞卻完全理解我。這是我始料未及的，因為我從來沒想過會有這種事。他真心愛我，而且培養我的才華。當我試著精進文筆，完成各種不可能的任務時——首先是幽默小品、然後是短文、電影劇本和小說——他一路引導著我。若沒有他，我永遠都無法找到自己的職涯方向。

作家永遠是作家，這份自我認同更勝於任何身分，是一生的呼召。我和傑瑞都知道這點，並以彼此為榮。我瘋狂地愛上他，而且非常享受和他對話的時光。他對人性有極為深刻的理解，總是觀察到我未曾留意的事情，而我也能指出他的盲點。和他討論人類行為和背後的動機，總是帶給我們源源不絕的樂趣。

然而，他就快要不在我身邊，愛我、和我說話、和我天南地北無所不談、甚至說些無聊的廢話了，例如他在想些什麼，外頭發生什麼事，為什麼某件事讓他或讓我不開心、甚至把我們其中一人逼瘋。他再也不會在家裡晃來晃去，心不在焉地吃著巧克力蛋糕。他再也無法和我討論我們彼此在寫作上遭遇的問題，某個角色應該怎麼做，另一個角色會有什麼感受，劇情應該如何發展。傑瑞很懂戲劇，他不僅能編劇，還會教導。他就是我的老師。

他在布朗克斯（Bronx）一個龐大的猶太社區裡長大，他的世界裡充滿了姑姑阿姨、叔伯、堂／表兄弟姊妹，以及庸俗的文化。那是個充滿活力的環境，但同時也極度無知和愚昧。傑瑞從小就很有音樂天賦，他在年幼時就可以將聽到的任何樂曲用鋼琴彈出來。「他已經會彈了，何必上鋼琴課？」他的父母這麼說。他的祖父母在家中自行調製廉價烈酒販售，他的父親則販賣人造珠寶。他們賺來的一丁點錢，都被拿去賭博了。傑瑞的父親還會打破他的撲滿，偷他的硬幣。他們家裡幾乎沒有什麼書。這世界有太多可供創作的題材，傑瑞確實也寫了不少，但他的家中卻沒有任何一個人能夠滋養這名作家的夢想。

傑瑞是他們家的異類。我們一起去上踢踏舞課，也熱愛戲劇，在大部分的事情上都意見一致。我們都喜歡出國旅遊，而且通常就只是在國外走走晃晃，坐下來喝咖啡。跟他訴說心事總是能得到很大的安慰。

他是我真正的家，也是我第一個避風港。

到了九月的某一天，傑瑞在四處走動時顯得更為吃力，例如將甜甜的喝水碗放在地上這種簡單的小事，都會讓他感到頭昏眼花。甜甜是我們鍾愛的哈瓦那犬。我在和內科醫生談過之後，啟動了安寧照護服務。我們得到社工、護理師和靈性諮商師的協助。我們家唯一的敬拜活動就是寫作，但基於傑瑞即將不久於人世，我就快要失去三十七年來的靈魂伴侶了，或許我們當中會有人需要一些屬靈上的協助。

我對於那段時光的記憶已經模糊了，因為我總是處於焦慮狀態，但我記得在居家安寧照護服務的第一次接案面談中，對方告訴我，如果傑瑞跌倒了——他已經跌倒過一次了——我應該要打九一一，但當救護人員抵達時，我可以給他們看不實施心肺復甦術的同意書和健康照護委託書，這讓我有權代替他拒絕醫療處置。我應該請他們把他抬起來、放回床上就好。

我記得我至少接收到兩次這樣的指示，一次是安寧照護的工作人員在電話中告訴我，一次則是出自團隊裡的某位服務人員。

如果我扶著傑瑞，他還是可以走路，所以在安寧照護的護理師第一次來訪後，我們去了附近的「每日麵包」(Le Pain Quotidien)*。正當我們吃著酪梨吐司之類的東西時，傑瑞說：「安寧照護，我不確定。我想，進安寧也可以吧。我現在對此沒有什麼感覺。」

「有時候你得花一段時間才會知道自己有什麼感覺。」我說。

那天下午當我回家時，我發現我們貼心的遛狗員蘿倫和傑瑞正在啜泣。

「怎麼了？」我急忙把蘿倫拉到門外問她。

蘿倫說，她問傑瑞狀況如何，結果他才剛說完「我進安寧照護了」就崩潰了，於是她的情緒也跟著潰堤。

我幾乎要笑出來。這就是傑瑞，在遇到蘿倫後才發現自己很沮喪。但這其實不好笑，一點都不好笑。

我就只是站在那裡，也沒有伸出手去抱著他。不知道為什麼，我就只是站在原地。

我在那一刻的失敗——哎，這真的是一種遺棄——一直困擾著我，讓我夜不成眠。我

---

* 譯注：源自比利時的連鎖輕食烘焙餐廳。

覺得儘管我試著為他做每一件事，卻仍力有未逮。我不知道我為什麼在那一刻辜負了他。是因為我對他死亡的恐懼和傷心嗎？我在害怕嗎？是因為我對那一刻毫無準備嗎？不過我對當時的任何時刻都毫無準備不是嗎？我為什麼沒有去抱著他？我是冷酷的人嗎？漠不關心會讓我覺得比較安全嗎？

我丈夫的攝護腺癌已經擴散到骨頭了，所以若我環抱著他，可能會傷到他。不過每天晚上，我們總會在十指交扣中入睡。他沒有談太多真正關於死亡的事，或許這是我的錯——因為在這件事之後，我總覺得一切都是我的錯。或許是我在逃避吧，我也不知道。有一次我們告訴對方，覺得能與彼此共度一生是多麼幸運，而傑瑞說他並不害怕。

不過我知道，當我出門或在書房寫作時，他是很想念我的。「我需要你在我旁邊。」他說，不過不是用命令的口氣，反倒是訝異我怎麼不在他身邊。

他說他唯一擔心的，是我獨自一人。

傑瑞的最後一餐是在二〇一五年的十月十八日，星期天。他吃的是札巴爾（Zabar's）的鮪魚沙拉貝果。他坐在餐桌旁吃著貝果。我們當時不知道，那是他的最後一餐。我們當時也不知道，他會在星期一早上起床時毫無胃口，出現身體衰敗的第一個徵兆。札巴爾是曼哈頓上西區一間很棒的超市，它的鮪魚沙拉很好吃，或許可說是最好吃的。我想，以它作為最後一餐應該還不賴。有個朋友知道傑瑞喜歡，所以帶了一些給他。若我一一詳述朋友們和這棟公寓裡幾乎素昧平生的鄰居們所展現的善意，他們如何燉湯、手作司康和義大利麵送給我們，那就岔題了。

星期一早上，傑瑞一起床就全身顫抖，於是只能躺回床上。到了星期三，他已經完全無法起身且思緒混亂，我哭了起來。我搭計程車去洗頭髮時，沿路都在車上哭。要我解釋為什麼我還出門洗頭嗎？我也說不上來，可能是我上癮了吧，而且我並沒有留傑瑞一個人在家。手機的功用就是讓你可以邊哭邊繼續辦事。我拿著手機，歇斯底里地在第八大道上向我的朋友麗莎哽咽哭訴。

那天下午趁著傑瑞在睡覺，我決定來付他的帳單。這是我第一次這麼做，結果這根本要把我逼瘋了——我完全搞不清楚狀況。（雖然為了以防萬一，所有帳戶上都有我們兩人的名字，但事實上我們各自管理自己的帳戶，並且分別支付不同的開銷。如今，這個「萬一」真的發生了。）我走進臥室，想要問他提款卡的密碼，但他只是不斷呢喃著他的信用卡號碼。我只能不停地說：「不是，你知道吧——就是你去銀行領錢的那個提款機。」但他只是重複回我那十二個同樣的數字。我不確定自己是否看過有人輸入十二個數字進提款機，於是我又哭了起來。離開臥室時，我不敢相信自己居然為了提款卡密碼而打擾他，我覺得自己好惹人厭，於是又回到房裡向他道歉。他根本不知道我在說什麼，完全不記得剛剛發生的事。我緊握著他的手說：「請你原諒我所對你做的每一件事。」

「每一件事？」他說。

當他再次試著去上廁所時，只能勉力移動到床緣，然後又面朝上躺了下來，腳還踏在地上。由於我自己也一團糟，加上他在藥力的作用下昏睡，這姿勢也不算不舒服，因此我心想，他是不是可以就這樣躺一陣子——或許等到夜班看護來的時候再說——正當我這麼想的時候，門鈴響了，是麗莎。

麗莎看起來就和平常一樣，穿著簡單時髦的牛仔褲、白T恤，外加一件休閒外套。她濃密的灰色捲髮，在肩膀上形成賞心悅目的弧線。她不化妝，向來都是素顏。她就像我的姊妹一樣，我們的家庭背景很相似：她家有三姊妹，我則是四姊妹中的一個。我們都是排行中間的孩子，這表示我們永遠都希望／想像自己能夠讓大家都處得很好。她極度善解人意。我們都在演藝圈的後臺長大，也都有強勢的母親，企圖在男性主導的世界中占有一席之地。她的母親是電影製作人，我的母親則是電影編劇。

麗莎建議我們把傑瑞的腳抬起來放在一張椅子上，這樣他的腳和背部才能在同一個水平線上。在我們決定這麼做後，我立刻下樓到管理室，趁管理人員下班前請他們幫忙。

他們來了兩個人，一人一邊把傑瑞抬回床上。傑瑞後來醒了過來，看到麗莎便笑顏逐開。她坐在床邊握著他的手，和他談笑了一個小時。他們聊到我們三十年前舉辦的婚禮，當時麗莎也在場。他們還聊到《漢彌爾頓》（*Hamilton*）——傑瑞閉門不出以前，所看的最後一齣戲。

「看到麗莎在這裡，我很開心。」他說。

那天，我打電話給我的內科醫生好幾次，邊說邊哭，於是她決定當天傍晚五點半來看看傑瑞。

當她在為他做檢查時，我離開了房間。不久之後，她告訴我和麗莎，她發現他其中一邊的肺部有肺炎症狀。我震驚不已。他剛剛才和麗莎聊得那麼開心，怎麼會有肺炎？醫生說，接下來的四十八小時是關鍵。她開了醫用氧氣的處方箋，因為他的昏沉可能是因為氧氣濃度過低。

晚上八點，夜班看護來了，她是我們首次雇用的全天候助理，於是麗莎離開了。我們住的是樓中樓，因此我請看護在樓下休息，我會在需要她時通知她。我和傑瑞待在一起，輕撫著他的頭，看著他打盹，然後我便進書房去寫我的小說。琢磨我的文字總是讓我感到療癒。

我也不知道我是怎麼發現的，總之我突然看見傑瑞從床上起身，身體朝著浴室方向歪歪斜斜地倒去。我連忙大叫看護，她衝上樓，我們在他即將跌倒時拉住了他，但卻無法阻止他往下倒，結果他整個人躺在地上。當時是晚上十點。我依循之前所受的指示，打了九一一。

我告訴對方，我的先生跌倒了，他現在躺在地板上。我很確定我有說，安寧照護人員要我打電話給他們，然後請他們把他放回床上。接著，我打給我們的摯友喬爾，請他過來一趟。這段時間裡，傑瑞似乎就這麼睡在地板上了；他在打呼，而我和看護在一旁等待。半小時後，或者大概是半小時後吧，我又打了一次九一一，突然間，我聽到救護人員大力地敲著門。

我們公寓的一樓和二樓各有一個入口。他們從一樓的入口進來，而傑瑞的臥室在二樓。由於他們搞不清楚哪個入口通往哪間公寓，所以當他們衝上樓時，對我大發雷霆。我說：「我先生還躺在地上，你怎麼還有時間對我大吼大叫？」說完一回神，我發現公寓裡擠了五名救護人員，我驚訝得說不出話來。後來喬爾告訴我，當中有幾名是醫護人員。他們檢查了傑瑞的狀況，讓他戴上氧氣罩。

我說：「我只是想請你們把我先生抬起來放回床上。」我把不實施心肺復甦術的同意書和健康照護委託書給他們看。

他們說不可以，因為傑瑞現在的狀況已經是消防局的管轄範圍了，所以他非得去醫院不可。我向他們抗議，手裡揮舞著表格。我已經問過我的律師，確保在任何狀況下，傑瑞都可以留在家裡。我盯著健康照護委託書上面的法律用語，腦袋一片空白，還好喬爾找到上面的一段文字，明確指出我有權拒絕醫療照護。

此時，傑瑞仍躺在地板上。

「好吧，」其中一人說，「既然如此，我們會送他到醫院，然後你可以把這些文件給他們看，再把他帶回來。」

「這根本不合理啊。」我說。

「你想要送到哪一間醫院？」

我打電話給我的醫生，試圖阻止他們，但他們不願和她通話。他們說，她無法作主，現在消防局的醫生才是負責人。「那他可以跟我的醫生說話嗎？」

他們說不行。

就在這時候，我發現家裡還有兩名警察，他們就只是站在那裡。五名救護人員外加兩名警察。我腦海中閃過一道念頭，覺得這樣的資源分配情況不太對，他們在紐約市肯定還有其他事好做。

現在，安寧照護的護理師也來了。我一看到她就忍不住對她發飆：「你當初為什麼叫我打九一一，請他們把他放回床上？」她和救護人員起了爭執，我記得她好像對我說：「有時候就是會發生這種事。」

我的醫生在電話裡建議我把傑瑞送去斯隆-凱特琳（Sloan Kettering）癌症中心，因為他在那裡有病歷。我記得六月的時候，傑瑞花了好一陣子才被收治。急診室裡躺在推床上等待被診治或收治的病人，幾乎一路延伸到外面的大門口。安寧照護的護理師則建議我把傑瑞送去表維（Bellevue）的安寧照護中心。她打了通電話後對我說，他們還有病床。此時，傑瑞仍然躺在地板上。

我不禁哭了起來。我發誓，我不知道我之所以哭，是因為我實在太混亂、太沮喪、太無助又太傷心，還是因為出於直覺，知道這是最後的殺手鐧了。我就這麼放聲大哭、不住地哀嚎：「我花了好幾個月的時間，就是為了要讓我先生留在家裡，我做了所有應該做的事，準備好所有的文件，一切都是為了讓他可以在我身邊、在我們的家裡、在他的床上過世，結果你們現在告訴我『不可能』！」

他們的態度軟化了。

我真的很好奇。我很想知道，他們是不是非得欺凌我，直到我痛哭流涕才肯善罷甘休。不過他們的確變得和善許多，其中一個人稱讚我的狗很乖——他是第一個進入我們公寓的救護人員，之前態度很惡劣的那位。我這才發現甜甜在角落縮成一團。另一個人則注意到房間裡有我和傑瑞一起跳踢踏舞的一系列照片，並且對此表示讚賞。當中有位女士，我猜是醫護人員的隊長，她說她會跟消防局的醫生說，因為決定權在他。這段時間裡，他們也逐一檢視傑瑞所有的藥物，問一堆我無法回答的問題。我的大腦已經精疲力盡了。

我的丈夫仍然躺在地上，而我甚至無法陪在他身旁。我在房間的另一頭，然後我又到另一個房間，因為所有的就醫資料都在那裡。我覺得糟透了。

後來，他們終於讓我跟消防局的醫生通電話，他聽起來無比溫柔。「我們當然不會干涉你們的計畫，」他說，反正大概就是這個意思，「當然，我們會把他抬回床上。」

於是他們這麼做了。他們一起把他抬起來，讓他躺回床上。他的打呼聲震天價響，我想是因為藥力作用才會睡得那麼熟。我不知道他是否全程都呼呼大睡，若是如此就太好了。

那名女性醫護人員告訴我，他的生命跡象很微弱。她說：「如果之後發生任何事，請打給我們，不要客氣。」我想她實在是瘋了。我覺得其他救護人員看起來嚇壞了，不過這也有可能是我的想像。那兩名警察在原地站了四十分鐘後，與我握手道別。

所有的救護人員都離開了，安寧照護的護理師也走了，我的朋友喬爾也回家了。

我擔心我先生會再歪歪倒倒地下床，於是我請看護在臥室的沙發休息，然後我便下樓去睡覺。這是我第一次沒有和傑瑞一起睡，因為我沒辦法在看護的注視下睡覺。我想當時是十一點半吧，我不太確定。我打電話給一名加州的朋友，然後把救護人員事件的事發始末告訴他。接著我打給喬恩，他是我的醫生朋友，學識淵博又充滿同理心，我又把整個故事跟他說了一遍。然後我便在傑瑞書房的沙發上睡著了。

大約是半夜三點吧，我筋骨痠痛地醒來。因為我動彈不得，所以在沙發上繼續躺了幾分鐘，而後起身上樓。看護在我們臥室的沙發上打盹。傑瑞沒有在呼吸。

「我覺得他死了。」我說。

我就這麼說出來了，那感覺很怪。彷彿我被嚴刑逼供，只好據實以告似的。

看護驚愕不已。她說，她直到剛才都還在打理他和整理床單，因為他流了很多汗。

我們兩人看著傑瑞，他突然抽了一口氣。就這樣。他走了。

我又打給喬爾，還有我姊夫尼克，以及我的內科醫生。他們都來了。我躺在傑瑞的身旁，他們全都圍坐在床邊，大家隨意地閒聊。即便我在震驚中清楚知道他已經走了，他的身體只是個空殼，但躺在他身旁仍然讓我感到心安。我跟他們說了救護人員的事。

一名安寧照護的護理師來訪，確認傑瑞的死亡時間：二〇一五年十月二十二日，凌晨三點四十五分。我跟他說了救護人員的事。

在接下來的幾週裡，我對每一個對我照顧有加的家人朋友說著救護人員的事。只要對方願意聽，我就說。

• • •

印象中，在接下來的日子裡，我總覺得一切都很陌生。傑瑞死後，我不知道自己身在何處，彷彿住在一個未知的國度裡。前一晚的創傷，加上幾乎整夜沒睡而疲憊不堪，我實在恢復不過來。我精疲力盡到一個地步，在頭暈目眩的同時卻又腎上腺素爆增。公寓裡擠滿了親戚和朋友。我還記得有一次，我想要小憩一下卻無法入睡，一下樓卻看到客廳裡都是人，他們談話喧嚷的樣子彷彿在開派對。那一瞬間，我覺得自己彷彿進錯家門了。

我住在布魯克林的摯友海瑟拖著行李箱出現在我家，她就這麼搬了進來，並且開始整理環境。我沒有要求她這麼做，當初也沒有打算這麼做，但她很清楚我需要什麼。她訂了外送食物，指揮我去睡覺，把每件事一一打點好，她實在對我太好了。我妹妹艾美從加州飛過來，她也幫了我很多忙，既保護我又關心我，我另一個妹妹海莉也是，她隨後也從麻州的密爾頓飛了過來。我們原本有四姊妹——大姊諾拉已經過世了，接下來是我，然後是海莉，以及最小的艾美。我們都是作家。

儘管當初我知道傑瑞將不久於人世，我倒是沒想過要怎麼舉辦他的告別式。不過此刻我的腦子裡很快就有了想法。傑瑞是劇作家，所以我們生活中最像猶太會堂或教會的地方，就是戲院。於是我寫了封電子郵件給某個製作外百老匯戲劇的朋友，請他在格林威治村的戲院安排一場告別式，時間就定在隔週一。傑瑞曾告訴我，他希望他的學生可以上臺致詞。他有四名可愛又聰明的編劇學生，他一路栽培他們並與他們保持密切聯繫，分別是索珊娜、菲爾、艾力克斯和布萊恩。我邀請他們致詞，他們也同意了。我還邀請了我們很要好的朋友鮑伯致詞，他曾經擔任過傑瑞的小說編輯。策劃告別式的感覺很奇怪，我曾參加過一場告別式，任何人都可以起身發言，但我不希望傑瑞的告別式是那樣，我想要有主題和架構。有幾個人問我能不能在告別式上致詞，我拒絕了他們。這聽起來很惡劣，但傑瑞從來沒提過要請這些人致詞。他想要在人們心中留下什麼印象，我對此很清楚也很執著。我知道傑瑞希望被視為一名作家和一位老師。最近他有一齣戲無法上演，他為此難過了好久。在他過世前大約六個月，大家才一起讀過劇本，那是他人生中最快樂的時光之一。除了致詞的賓客外，我還請了幾位我們的演員朋友朗讀他的戲劇作品和自傳體小說的簡短片段。

我對告別式很滿意，我讓傑瑞起死回生了。

我再也不哭了，在救護人員事件中從頭哭到尾之後，我麻痺了。

再說，我已經七十一歲了。

過去十年裡，我都在面對死亡。我想，這是你到一定年齡後必然會發生的事。

我深愛的姊姊諾拉在二〇一二年過世；在此之前，她生病了六年，而她也將病情隱瞞了六年。要保守這祕密是極為艱鉅的任務，因為祕密會吞噬你，至少對我而言是如此。要隱藏那麼大的祕密，等於是每次當我告訴別人「我很好」時，我其實都在說謊。我先生則病了十年。

而且我可能也生病了。

我姊姊是骨髓增生不良症候群患者。你的骨髓負責製造供應身體的血液，而這是一種骨髓疾病，並且有非常高的機率會導致猛烈的急性骨髓性白血病。由於急性骨髓性白血病是一種家族遺傳，而且我每年的血液檢查顯示，我的紅血球正在逐漸變大——這有可能沒什麼——不過我的內科醫生還是在二〇〇八年時把我轉介至腫瘤醫生那裡進行骨髓切片檢查。

這可不是什麼令人愉悅的檢查，他們會將一根針插進你的髖骨，從骨髓中抽出一些東西來檢驗。雖然結果顯示我並沒有罹患骨髓增生不良症候群，但我有可能罹患此症的徵兆。醫生說，這仍不表示我會得病。

陪著我姊姊接受治療、為她擔憂、為我自己擔憂、為我自己恐慌、為著擔憂自己更甚於她而愧疚，再加上擔憂傑瑞所歷經的治療，這一切實在是太沉重了。我一直活在高度焦慮的狀態中。

諾拉的醫生們幫助她把病情穩定了幾年，但後來他們告訴她，他們沒辦法再這樣下去了，唯一可能治癒她的辦法就是骨髓移植。他們發現，我和她的骨髓比對是吻合的。

在那彷彿永恆之久的六個月裡，我等著她和她的醫生們決定下一步要怎麼做。

骨髓移植將全面清除患病的骨髓，並且輸入健康的骨髓，這是治癒骨髓增生不良症候群或急性骨髓性白血病的唯一做法。然而這辦法的成功率不高，因為人的身體會以各種方式排斥新的骨髓。這種狀況稱作「移植物對抗宿主疾病」，症狀包括嚴重的疹子、發燒、偏頭痛、肺炎、腸胃問題、心臟問題，這些還只是其中幾個例子而已。不過如果兩人的骨髓完全吻合，移植的成功率也會比較高。

我很擔憂——不，我根本是**驚恐極了**，我怕我的骨髓被亂搞一通。而且，我不覺得醫生們會在乎我的狀況，因為他們是諾拉的醫生。再者，她可是國寶——身兼作家和導演身分，還是為浪漫喜劇帶來創新的名人，擁有大批女性粉絲。而我呢——嗯，我就只是我。或者，誠如我的某位醫生套用英國諺語形容我們不妙的處境：我們是「繼承人」和「備胎」。

我的憂慮有如脫韁野馬四處狂奔。我想像我可以救我姊姊一命，但自己卻因為骨髓被攪亂而一命嗚呼。或者，我試著拯救我姊姊，最後失敗，然後攪亂了我的骨髓——在這種狀況下，我們兩人都會死。又或者，我可以什麼都不做，然後我們兩人都死掉。任何一種情節看似都有可能發生。

當諾拉的骨髓增生不良症候群發展成白血病時，我每天都在醫院陪著她度過人生的最後一個月。看著她逐漸死去，除了感到傷心欲絕，同時也彷彿眼睜睜地見證我自己的死亡。

有一名治療她的醫師並不知道我的狀況。某天他對我說，死於白血病是很淒慘的，所以她得到肺炎算是幸運的。（肺炎被稱為「老人的朋友」，因為相較於死於你罹患的主要疾病，羅患肺炎而死反倒相對舒服也比較緩和。）

在這樣的苦難中，在討論我的骨髓是否要拿來救我姊姊的過程中，我意識到我需要一名好醫生，一名可以為我發聲的醫生。我的婦科醫生說：「迪麗亞，你要好好照顧自己。」這也是我與蓋兒．羅伯茲（Gail Roboz）醫生相遇的契機。

我和幫我做骨髓切片的腫瘤醫生談起我的姊姊，因此得知了這號人物。「羅伯茲醫生是最優秀的，她是血液疾病領域的翹楚，」她說，「你姊姊或許應該去找她。」

我心想，**是我要去找她**。於是我打電話預約了門診。

羅伯茲醫生是威爾．康奈爾醫學院（Weill Cornell Medicine）的白血病計畫負責人。當她走進小小的診間時，我看到她的第一個想法就是：**她根本就像我的姊妹**。我們絕對是吃同一種米長大的：深色頭髮、褐色眼睛、瘦長身型、猶太人。在很久以前，我們或許有血緣關係。這讓我立即感到放心與安慰。

她充滿活力，全身散發著能量。我猜她大約四十多歲，白袍下穿著入時，腳踏高跟鞋，而且我記得她還配戴了一些珠寶，例如手鐲或珍珠。她看起來就像你的密友，散發出朋友般的溫暖，但行為舉止又像個醫生。我的意思是，她看起來很有威嚴，握有絕對的主導權。

我對她掏心掏肺。看完我的抽血報告和骨髓切片結果後，她對我說：**基本上，此刻的你沒事**，因為紅血球比較大不一定表示有狀況。她對此不怎麼緊張，也同意其他醫生的看法——我可能會得到骨髓增生不良症候群，也有可能不會。我問她願意收我為病人嗎？她同意了。我得每六個月回診一次，她會進行抽血檢驗，觀察是否有異常情況。她也答應我，她不會讓任何人以任何危險的方式攪亂我的骨髓。

最後，諾拉的醫生認為用我的骨髓來救諾拉的風險太高，因為我的骨髓可能也帶有疾病，或許會讓她再次復發。諾拉也決定，不論在何種狀況下，她都不要進行骨髓移植。系統裡沒有其他完全吻合的骨髓，這在我們阿什肯納茲猶太人（Ashkenazi Jews）當中實在很少見。她讀遍了關於骨髓移植的資料並告訴我，這是可怕又極度疲憊的過程，而且在移植之前與之後還要歷經化療，她不想忍受這種漫長的痛苦。若你在移植後存活下來，你的身體也有可能產生排斥，而且你仍然有可能在幾個月後再次罹患白血病。諾拉告訴我，蘇珊．桑塔格（Susan Sontag）接受了骨髓移植，受盡了折磨，結果很快就過世了。

再者，諾拉已經七十幾歲了，由於這過程實在太折騰，所以醫生很少為七十歲以上的病人進行骨髓移植。不過還是有例外。

想當然爾，我打電話給諾拉並告訴她，有這麼一位極為優秀的醫生，而且看起來就像我們的姊妹，於是諾拉在去世前不久，也成了羅伯茲醫生的病人。

我後來也逐漸認識了羅伯茲醫生。不是上網搜尋資訊，得知她是西奈山醫學院（Mount Sinai School of Medicine）同期畢業生裡學術地位最高的那種認識，而是對她這個人有更多認識，例如她熱愛歌劇——「那是我的首選良藥。」她說。她畢業於亨特學院高中（Hunter College High School），那是一所招收優秀紐約學子的公立學校。她的先生也是她的第一任男友，同時也是亨特高中的校友。紐約就是羅伯茲醫生的溫馨小鎮。在血液疾病領域赫赫有名的她，如今常在全球各地演講。她很喜歡提到她的父母，而且非常仰慕他們。她會告訴你：「我這個人所有的優點，都是來自我的父母。」

她的父母都是來自布達佩斯的猶太大屠殺倖存者，不過當時他們並不認識對方。她的母親當時還是個年輕女孩，為了躲避納粹，戰爭期間都藏身在儲藏煤炭的地下室。他的父親則住在布達佩斯的貧民窟裡。一九五六年，在匈牙利大革命期間，蘇聯的坦克入侵布達佩斯，他們竟在同一天分別逃出了匈牙利。她的母親和外婆在漆黑且地雷遍布的原野上艱苦跋涉，最後終於在其他難民的協助下抵達了維也納。她的母親在那裡完成了高中學業，並且因著優異的表現獲選至美國讀書。她的父親則從集中營中獲救並被送至美國。在同是流亡國外的匈牙利同胞撮合之下，他們相遇了。後來他們都成了從事研究的科學家；如今他的父親快要九十歲了，仍不放棄研究工作。

擁有這麼一對集英雄、浪漫、驚恐與創傷故事於一身的父母，她注定是要拯救生命的。她從小就知道，她要成為一名醫生。當她還是住院醫師的時候，某天她透過顯微鏡觀察她的第一個急性骨髓性白血病病人的細胞。她一**見傾心**。在那一刻，她便知道血液學／腫瘤學就是她想要專精的領域。「它包含了一切。」她如此形容這個複雜的領域。

傑瑞過世的時候，我已經看了羅伯茲醫生五年了，而且我的血液報告一直都很正常。我還記得，我在傑瑞死前最後一次去找她看診的時候，她還說我的血是她當天看過最無聊的血液。

•••

二〇一五年十二月——傑瑞已經過世一個半月了。有個朋友告訴我一個故事。

某天她去了海邊，同行者包括她九十歲的祖母、她的姊姊、她姊夫，以及他們剛養不久、活蹦亂跳的大型搜救犬，牠是拉不拉多與其他品種的混種狗。他們就只是站在那裡聊天，但那隻狗不知怎地竟突然朝著她的祖母衝去並將她撞倒。

在我聽來，這是一個寡婦的故事。連狗都知道誰是寡婦，寡婦是人群中最脆弱的一員。我一定有散發出某種破碎感，帶著某種遭逢變故的氣場。我看起來很悲傷嗎？一定的。幾乎在每一場對話中，我總覺得自己被忽視或不被聽見。在超市裡的起司櫃檯；在討論牆壁漏水時；甚至餐廳服務生都會建議我點些別的——「這太多乳製品了。」某個服務生如此對我說。

在傑瑞過世一個半月後，我收到了一封慰問信，或者說，我原本以為它是慰問信。是傑瑞的朋友的伴侶寄來的。這是我所收過最惡劣的一封信。事實上，我從來沒有收過所謂「有點惡劣」的信。信中說，他的另一半（也就是傑瑞的朋友）曾詢問我是否能在傑瑞的告別式上致詞，被我回絕了。於是他說我這個人很糟糕，告別式也很糟糕，他說我只看重那些有名的人。當傑瑞生病時，他的丈夫曾犧牲在鄉間度過週末的時間來陪伴傑瑞，而我卻不讓他致詞。

我絕對不是只看重有名人士的人。我的確認識一些名人，當中有些人是我的朋友，但在傑瑞告別式上致詞的人，沒有一個是名人。我並沒有「看重」名聲，我大部分的朋友都是和藝術圈相關的人，但是——唉，你看到了吧——我一看到這封信，就得開始說服自己不是那樣的人。如果這人寫了這封信，表示他和他的另一半一定花了不少時間把我罵得狗血淋頭。我原本想直接引用信上的話，但在打電話給某位我們共同的朋友，並把信的內容唸給她聽後——她也感到同樣震驚——我就把那封信撕碎丟掉了。

我以為，如果你的丈夫死了，你在他的告別式上可以隨心所欲地我行我素。傑瑞有個名叫露露的親戚，她在她先生的葬禮上，一路沿著走道揮舞雙臂、大聲哭喊他的名字，然後整個人哭倒在靈柩上。而每個人只是心想，**露露想要這麼做也沒關係**。

我去看眼科醫生，提到我的丈夫死了。他問：「怎麼死的？」我告訴他，是攝護腺癌。他問我傑瑞當初做了哪種治療，放射治療還是手術？我說放射治療。他說：「他就是這樣才死的。」

我點著散瞳劑，心中的怒火越來越旺。我說：「你怎麼可以對我這樣說？你的意思是說，這是我們的錯，因為我們選了錯誤的治療方法嗎？」他回答：「你為什麼生氣？做決定的人是你們。」

當然，我再也不去看那個醫生了，但他的話直直地命中了我心中的罪惡感。我有沒有誤導了傑瑞？如果我們選擇手術而不是放射治療呢？

這些思緒有點把我給逼瘋了。我當初是否應該慫恿傑瑞動手術呢？我知道他不想動手術。如果手術會產生六種副作用，傑瑞就是那種會出現七種副作用的人。傑瑞死後的空虛夜晚，我總是不斷地省思我們當初的決定。我和我的密友茱莉亞、蒂娜和潔西討論這個問題。還有我的醫生朋友喬恩，他說他也曾為他父親做過和我們一樣的決定。每個人都再三向我保證，我們的決定沒有錯。這對我有幫助，但其實也毫無助益。我想，既然傑瑞死了，所以無論我當初做了什麼，我一定得心生愧疚才行。

有天早上我下樓，看到餐桌和走道之間的地板上有一隻好大的蟲子，牠就這麼停在那裡。我想應該是一隻水蟲吧，但以水蟲來說，牠實在胖到不像話。我有蟲子恐懼症，自從認識傑瑞以後，我從來沒有殺過蟲。我們結婚三十七年來，完全都是他負責打蟲子。我拿了一盒信紙——那是我通常用來回覆慰問信的卡片——然後朝地上一丟。它不偏不倚地砸在蟲子身上。

我等著，希望蟲子會從盒子下爬走。然而什麼事也沒發生。我太驚恐了，完全無法把盒子撿起來。對我來說，看到死蟲子就和看到活的蟲子一樣恐怖。而且想到我殺死了牠，實在讓我於心不忍。

儘管如此，我仍一腳踩在盒子上，一邊往下施力一邊扭著腳踝，不過我還是無法鼓起勇氣把盒子撿起來。有一次，我和傑瑞用一塊磚頭砸死了一隻大老鼠，然後我們打電話請更勇敢的人來幫我們移開磚頭。那隻老鼠被壓得扁扁的，就像卡通裡的老鼠一樣。牠沒有肚破腸流，但牠卻被壓得跟硬幣一樣扁。這是我們最喜歡的婚姻生活故事，它有點像在說「看看我們多麼速配啊」。甚至連這個迷你創傷，這個「你這輩子都得獨自面對大蟲子」的創傷，都讓我想起我再也無法獲得的快樂時光。

當我出門倒垃圾時，我遇見對門的鄰居強納森。「你很怕蟲子嗎？」

「還好。」他說。

於是他撿起那個盒子，用衛生紙把那隻被壓扁的蟲子抓起來丟掉了。

我應該說說我那棟公寓，我實在很喜歡它。它是有門衛的合作公寓，但它很樸素，大部分都是一房或兩房（現在還有一些混合式住宅，像我們的就是樓中樓公寓）。它落成於一九二八年，專為勞動中產階級的紐約客所打造。我們十二年前搬進來時，它的大廳有著爆米花紋理的天花板並放著兩個大花瓶，它們被擺在大約一百二十公分高的柱子上，裡面插著毫無吸引力的綠色植物，讓我們的大廳和殯儀館有幾分相似。

儘管房地產價格不斷攀升，格林威治村仍然充滿活力。這裡的居民有同志、也有異性戀者。我第一次參加公寓的管理委員會時，就聽到了三個孩子出生的消息，一個來自女同性戀雙親，一個是男同性戀雙親，最後一個則來自異性戀父母。住戶們有些是作家、社工、教授、作曲家、心理治療師、博物館策展人、雜誌編輯，還有許多退休人士，以及幾位律師和華爾街的金融工作者。我有一位鄰居在大都會歌劇院（The Metropolitan Opera House）工作，另一位則是設計師。這裡沒有人追求璀璨光鮮的生活，也沒有什麼明星和勢利的傢伙。再平凡不過的是，每天早上八點到十點，垃圾桶會被放在電梯旁供住戶丟垃圾。其他時間，你必須把垃圾拿去地下室丟。

我們在這裡認識了一些好朋友，但鄰居們不會隨意打擾對方。如果我向管委會主委抱怨某事，他反倒還會向我道謝。

我們這棟公寓裡大約有二十隻狗，牠們都很乖。即便那兩隻標準貴賓犬（其中一隻現在已經過世了）總是在電梯門打開那瞬間撲向我，牠們也很乖，只是精力旺盛而已。如果你養過狗，你就會知道，一旦你為牠們取了名字，你又會馬上為牠們取綽號。我都叫牠們「豪迪杜迪」（Howdy Doody）和「克拉貝爾」（Clarabelle）*。這公寓的氛圍就是會讓你想要為別人的狗取綽號。

可以住在這裡，我很感恩，尤其是現在。

• • •

有太多事情要處理了。我必須關閉傑瑞的銀行和信用卡帳戶，並讓公寓管委會審核我的資料。我得處理掉他的藥品（我不能把它們沖進馬桶，因為會汙染供水系統）和他從網路上訂購的維他命及營養飲品。我之前都沒有意識到，傑瑞是如此努力地想讓自己好起來，他有好多好多草本藥物。我們家都是傑瑞在負責網購；紙巾總是一大箱一大箱地送來，我猜這些營養飲品也是。就連發現這麼簡單的事情，都讓我感到詫異，簡單卻令人傷感。我之前竟然都不知道，真是太粗心了。接著是他的遺囑，跟死亡有關的東西。

我很想要夢到傑瑞，希望他能出現在我夢裡。因為在夢裡，人可以就像真正活著一樣，變得很真實。夢到他，是我唯一可以和他在一起的辦法。我常常這麼想，希望可以因此美夢成真。

結果，我真的夢到他了，而且就像有些夢一樣，這夢感覺非常真實。

在夢裡，傑瑞說：「我要離婚。我要離開你。」我知道他是認真的。傑瑞的個性有時候很硬──這不常見，但當他態度堅決的時候，他是絕對不會改變心意的。我離開房間又回來對他說：「我知道你想要和我離婚，但我們總可以聊天吧？不是嗎？我的意思是說，

* 譯注：豪迪杜迪是美國同名兒童節目中的木偶，克拉貝爾則是迪士尼米老鼠系列中的女性卡通角色。

如果我想要的話，我可以來跟你說說話嗎？」

「不行。」他說，接著便沿著長廊走遠消失了。我在震驚中清醒過來。

那是傑瑞嗎？他真的來找我了嗎？

他很惡劣。

我不認為死去的人會在夢中跟你說話，這是我一直以來的信念。我不認為死去的人會用任何方式跟你說話。我沒有宗教信仰，對靈界的事也不感興趣；我希望死後有來生，但我不認為死後有來生。

屬靈的世界真的存在嗎？我連打出這些字都覺得有點尷尬。

夢醒後，我極度不安，接下來的幾天都不斷地想著那夢。我告訴自己，**這只是我的夢，是我大腦創造出來的**。**在夢裡，傑瑞告訴我，他已經走了，他離開我了**。**他說的很清楚，除了我的回憶，他再也不會出現在我生活中了**。**習慣吧**。

我真的被這個夢嚇壞了，這實在是一個很可怕的夢。

在此我也要說，我的確遇過一些奇怪的事，雖然這些事不至於讓我覺得宇宙中有神，或者傑瑞真的會來到我的夢中，但這世上的確有一些科學無法解釋的事情。

小小岔題一下：

當傑瑞和諾拉剛生病時，我很絕望。**我要怎麼度過這個難關呢？我就要失去這世上和我最親近的兩個人了**。那天晚上，我夢到了一個小說的架構：三個女人和一隻獅子在北卡羅萊納州的一間酒吧裡。醒來之後，角色和書名已然成形：《三人行必有我獅》（*The Lion Is In*）。於是我坐下來振筆疾書。我從來沒有以這種方式獲得靈感過，結果這是我寫過最有趣的小說。創作的過程讓我的大腦暫時找到庇護之所，它讓我感到只有寫作才能帶來的平靜、娛樂和安穩。我會躲進書房裡，把一切阻絕在外，沉浸在這個故事裡。它支撐我度過了他們患病的第一年。

我從來沒去過北卡羅萊納州，我也不知道為何這地點會出現在我的夢中。我做了最小限度的研究——和幾名曾住過那裡的朋友們聊聊，而我的好友蒂娜建議我在北卡羅萊納的北方找個郊區進行研究。我是透過傑瑞認識蒂娜的，當時我們剛搬到洛杉磯，而也是從那時候開始，我在做任何重大決定之前必定會徵詢她的意見。她在多年前曾以北卡羅萊納為背景寫過一齣戲。在我完成小說初稿時，我這名作家朋友說，我不可能在沒有去過書中場景的狀況下，就寫出一本小說。她建議我一定要去北卡羅萊納州，去洛磯山城（Rocky Mount）的北邊看看。

我和我的外甥女安娜一起飛到該州首府羅利（Raleigh），然後一路開往洛磯山城。安娜是紐約大學的學生，對冒險總是躍躍欲試。我們每天早上從逸林飯店（DoubleTree）上車出發後，會在導航系統中隨意選個地點，然後要它帶我們走「當地小路」。導航怎麼帶，我們就怎麼開。

在我的小說中，那隻住在酒吧裡的獅子並沒有屬於牠的一棵樹，由於那女人很愛這隻獅子，於是在原野上找到了一棵孤零零的樹。這棵樹看起來好像被閃電擊中過，所有的葉子都掉光了，只剩樹身和一些殘枝斷幹。那女人說，這棵樹反倒比較像是一尊雕塑。她說服了幾名男人把那棵樹挖起來，送給了獅子。

我和安娜在不知名的地方漫無目的地開著車，途中經過了一片原野——就在原野的中央，竟然出現了一棵一模一樣的樹，和我書中的描述如出一徹！我大叫了起來，於是我們馬上把車停了下來。這棵樹怎麼可能存在？我怎麼會找到它？

下車後，我隔著馬路默默地盯著那棵樹。這時，有名開著小貨車的男子停了下來，問我們是否碰上問題。他告訴我們，這是他朋友的橡樹——我書中的那棵樹也是橡樹。而樹幹上的樹皮之所以被磨得精光，始作俑者是那群羊——他指著遠方的山羊群，牠們常跑來對著樹幹磨來蹭去。在我的小說中，獅子不知道該拿這棵樹怎麼辦，於是牠用身體蹭著樹幹。

那名男子開車離去了，我和安娜則在那裡站了一會兒。我不知道要怎麼消化眼前所見的情景。

後來，我想要看看這裡的房子內部是什麼樣子，好讓我能夠更精確地描寫克雷頓（Clayton）這地方。在我的故事裡，克雷頓鎮擁有三件事物：一隻獅子、一間酒吧，以及一台雪弗蘭貝艾爾（Chevy Bel Air）敞篷古董車。我和安娜找了間墨西哥餐廳吃午餐，在餐廳的佈告欄上，我們看到有個女人在上面打廣告，販賣她的手作甜捲餅。我們打電話給她，去她家買了一些甜捲餅，並且在她家客廳和她聊天。她的丈夫回來後，我們也和他閒聊了一會兒。然而當我們離開時，我一眼就看見他的車停在門前——那是一台雪弗蘭貝艾爾敞篷車，而且那台車的內裝從頭到尾都是迷人的橘色，就像小說中的一樣。

這兩起事件——找到那棵樹和雪弗蘭貝艾爾敞篷車——實在是異乎尋常。它們不只是巧合，也不單是共時性事件，但我不知該如何形容它們、稱呼它們。我夢到一個關於小說的構想，發生在我未曾去過的地方，我將它寫了下來，加上故事劇情和細節，然後在隨機的情況下——真的是隨機嗎？——我找到了我想像出來的特定事物。

我得承認，我腦海中曾閃過一絲念頭：或許我有某種特別的超能力。我對於自己所經歷的事情感到無法置信——事實上，我甚至不相信世界上有這種事。不過事情就是如此。

・
・
・

耶誕節隔天，我飛到威爾斯（Wales）拜訪我和傑瑞最要好的朋友，理查和茱莉亞。我很喜歡在他們十八世紀的農舍裡用雅家爐（Aga stove）煮菜。

理查是個極具魅力的英國人，他和茱莉亞陷入熱戀的時間和我與傑瑞墜入愛河的時間相差無幾，而我們四人也很快地一拍即合。當時他們都住在洛杉磯，後來我也搬到那裡和傑瑞一起生活。理查是製作人，茱莉亞過去是一名記者，不過如今她已經是知名的小說家了。我們共同經歷了成年後的急速成長期，給予彼此建議、也互相打氣。理查是個睿智的人，他是面臨人生重要決定時的最佳諮詢人選。茱莉亞身形高挑，頂著一頭紅髮，無敵樂觀且對任何事都充滿樂趣。她的成長過程和我截然不同，她的父親是二次大戰期間的英國戰鬥機駕駛員，所以她是在賽普勒斯那樣的軍事基地長大的，後來進了修道院接受教育。在成為記者之前，她在澳洲從事馴馬的工作。茱莉亞曾說服我踏上許多冒險旅程，例如獨木舟之旅；還有一次，她向我保證我騎的是一匹已經進入更年期的母馬，結果牠竟然在草原上狂奔不止。

當他們搬到威爾斯時，我和傑瑞常常去拜訪他們，每次我們沿著威河（Wye）的小峽谷開車行經蜿蜒崎嶇、兩旁有著高聳樹籬的鄉間小徑時，總是驚恐地覺得自己在倒車（我在英國開車一直都有這種感覺，因為和美國左右相反）。他們的農舍總是讓我感到舒適寬心。我們會聊天直到深夜，隔天吃早餐時再延續前一天的話題暢所欲言。我們甚至約在世界各地碰面：巴黎、羅馬、馬略卡島、五漁村，他們從一個小鎮徒步健行到另一個小鎮（不過我選擇搭火車）。在里斯本時，大夥兒聚在旅館宴會廳裡躲雨，理查就在那裡教我們打橋牌。

我們四人共度了許多時光，有太多快樂回憶了。一道旅行讓我們彼此更加緊密。傑瑞死前三個月，他們在東漢普頓與我和傑瑞碰面。我們開懷大笑——我們總是一起開懷大笑——同時因著即將面臨的失落感到極度心痛。「我會在另一邊等你們喔。」當理查和茱莉亞搭車前往機場前，傑瑞對他們說。

我曾告訴過茱莉亞，傑瑞死後，我想去找他們。我只想被他們安慰。

我在行李箱裡偷偷夾帶了一些傑瑞的骨灰，把它裝進一個小袋子，塞在我的平底鞋裡。在威爾斯，雨幾乎沒有停過。在太陽探出頭來的唯一一天，我們走出家門，踩著濕軟泥濘的小徑，穿過古老的松林，爬上蔥綠的山丘，試圖尋找一個可以俯瞰溪流的寧靜地點。山丘上有尊石雕佛像守護著小溪，茱莉亞讀了一段華勒斯．史達格納（Wallace

Stegner）的小說《穿越安全地帶》（*Crossing to Safety*），內容是關於兩對夫妻友情不滅的故事。

然後我們將傑瑞的骨灰揚在風中。

• • •

冬天的晚上，我通常會待在傑瑞的書房，那是一個遠離客廳的小房間，我在那裡吃東西、看電視。我的某個構想已經讓人寫成原著劇本，是個關於出版的故事，而我的小說《錫拉庫薩》（*Siracusa*）也將在七月上市。我同時也和一群醫生合作，製作一系列的影片教導醫生如何抱持同理心。我有工作，而且是我做得來的工作。寫作是我的庇護所，當我寫作時，我知道我是誰。一直以來，我都是獨自工作。

當然，唯一的差別是，現在當我遇到瓶頸時，我再也不能跟傑瑞傾訴並釐清下一步了。我的朋友海瑟，她就在幾條街外的新學院（New School）教授新聞寫作和設計，所以她常利用下午的時間來拜訪我並陪伴我。傑瑞死後，她搬進了我家並照顧我好一陣子，是個像女兒般的朋友。

我自己沒有生小孩，因為我無法受孕。在發現到這點之後，我曾試著用醫學的方式解決問題，不過並不是太積極。治療過程總是令人難過——發現自己沒有懷孕，就像每個月都經歷一次小小的死亡一樣。成為一位母親並擁有自己的小孩，一直都不是我所嚮往的事。當我的女性好友——蒂娜（在洛杉磯）和茱莉亞（在威爾斯）——懷孕時，我很嫉妒她們，但我其實很愛她們的女兒。後來，我決定放手了。隨著年紀增長，我發現我認識了一些各方面都很優秀的年輕好女孩，她們不是失去了母親，就是出於各種原因而和母親關係不佳。要滿足需求，做法從來就不只一種，而我成為母親的渴望就這麼被滿足了。雖然這當中或許帶著些許師徒的意味，但我們其實不是這種關係。我是到後來才發現，原來這些友誼自然而然就發生了。海瑟、娜塔莎和吉兒，她們都是像我女兒一樣的好朋友。

娜塔莎是理查的女兒，也是茱莉亞的繼女，我和她父母一起在洛杉磯看著她長大。有時候，娜塔莎和我在寫電子郵件給對方時，甚至會署名「姊妹／母親／朋友」。至於吉兒，我一直試著效法她。她曾攀登過吉力馬札羅山，還曾徒步跋涉橫跨馬利（Mali）的多貢（Dogon）地區，那是一個建造在峭壁懸崖上的古老村落。我雖然在許多事上給吉兒建議，但由於我總是試圖在自己相對平淡的旅程中效法她的勇敢和冒險精神，所以她對我來說是個亦母亦女的朋友。事實上，她們每個人都既像母親、又像女兒，這種母性是互相的。

我認為海瑟是個聰明到嚇死人的女人，她會認真思考像「新聞報導之未來性」這種問題。我們大約是在十年前認識的，當時我和一名製作人買下了她的一篇文章，主角是那些喜歡在布魯克林某間古著服飾店出入的女性。海瑟也為她二十到三十多歲的青春歲月寫了一本引人入勝的回憶錄，名為《那些率性而為的日子》(*Reckless Years*)。

她通常在傑瑞的書房工作，所以我們時不時會在廚房遇見彼此。有一天，當她在我家時，我遍尋她不著，後來才發現她已經在廁所裡好一會兒了。她出來後坐在沙發上，臉色無比慘白，然後將手裡的東西拿給我看。一支驗孕棒。我們兩人一起盯著它看了又看，還不忘仔細閱讀說明書，同時以不同角度研究這根棒子。沒錯，她懷孕了，但她完全沒想到自己會懷孕。她有個交往已久的伴侶奧利弗。前一年，也就是她四十四歲那年，她讓醫生採集了她的卵子在顯微鏡下檢視，而醫生對她說，她這輩子是不可能懷孕了。

我們不發一語地坐在沙發上，那一刻的氣氛真的很緊張。向來實際的海瑟說：「寶寶平安無事的機率有多少？我能夠順利走完整個孕程的機率又有多少？」

還好驗孕棒一盒有兩支，於是她又驗了一次。沒錯，她的確懷孕了。人生總是有意想不到的驚喜。

•
•
•

我很看重日落時間。當太陽下山時，我也跟著休息了。有一次，我在晚上六點四十五分睡著，直到隔天早上五點半才醒來。

人們總是問我「你好嗎？」他們會強調「好」這個字，所以我知道他們是認真想知道。但我從來不知道怎麼回答這問題。我要如何用簡單幾句話總結我目前傷心／寂寞又一團糟的人生呢？我無法清楚表達我的悲傷，而且就算我再怎麼表達，似乎都貶低了關於傑瑞的回憶。

他們只是想要溫柔體貼地對待我，但我實在不喜歡。但我知道，若他們沒有問，或者他們認為我和以前沒兩樣，我會覺得更討厭。

看到了嗎？我開始覺得憤怒了。事實上，我覺得我是個憤怒的人，算是吧——或許是身為酒鬼的孩子所留下來的餘毒，無法擁有一個充滿安全感的童年之類的，我也不知道。或者，在這男人的世界裡身為女人，本來就容易讓每個女人感到憤怒。然而，沒有貼心的傑瑞來緩和我的心情，我無疑感到越來越憤怒。事實上，我所有的朋友都很憤怒，而且她們還沒失去丈夫呢。（我發現我痛恨「寡婦」這個詞，它一點都不性感，我再也不會使用這個詞了。）希拉蕊．柯林頓（Hillary Clinton）對上唐納．川普（Donald Trump）的總統大選新聞充斥著電視和廣播節目，讓我和朋友們對未來膽戰心驚。

我會避免參加任何大型聚會，例如讀書會或任何形式的派對。因為在參加幾次聚會後，我發現我自己在當中迷失了。不只如此，我簡直是驚惶不安地四處張望，不知道該找誰說話才好。我也覺得，無論我到哪裡，那裡都不是我要去的地方，我應該去別的地方才對。但我該去哪裡呢？我無法修正這種持續的錯置感。噢，我仍然住在我的公寓裡——但是，即便我再怎麼愛它，是因為有傑瑞，它才像個家。就某種意義上來說，我現在等於是無家可歸的迷途之人了。

我很幸運，我有忠實的好友，而且我愛我所住的街區，也就是第十街。它隨時隨地都散發和睦氣息且充滿朝氣。儘管格林威治村已不同以往，例如紐約大學占據了越來越多的建築物，以及一些高聳的公寓大樓破壞了原本的景致，但這裡仍然瀰漫著村落的氛圍，一種親密感。外頭的「活動」讓我感到安心，告訴我生活仍在繼續。當我經過名為費謝拉與帕金斯（Fichera & Perkins）的古董珠寶店時，榮恩．帕金斯會隔著櫥窗向我揮手。傑瑞曾在那裡買過兩只戒指給我，我很珍惜它們。我會去店裡晃晃，榮恩會逗我開心，並給我一條巧克力。乾洗店的李小姐會給我一個擁抱。我知道我總是可以去安蒂諾里餐館（Il Cantinori），獨自坐在吧檯邊不受打擾地享用我最愛的晚餐：香烤墨魚和炒菠菜。

我不敢相信我居然能撐到三月十三號的夏令時間，這實在是一項大成就。

我做了第一個決定，好讓我能夠繼續過生活：我決定停掉傑瑞的市話。

• • •

那年夏天，我為《紐約時報》寫了一篇專欄。

我與威瑞森電信的愛恨情仇*

我知道去憎恨某人是不好的。根據我今天讀到的文章，我知道負面情緒有害健康。我不希望自己因為連不上網路就氣到心臟病發。

不過我真的很痛恨威瑞森電信。

最近的一個星期六早上，我在電話上花了四小時和他們聯繫。我很確定我被他們掛了三次電話。有一次，我沒意識到斷線了，還癡癡地等了二十分鐘，希望對方

* 譯注：威瑞森（Verizon）為美國主要電信公司之一。

會回覆我。有個專員答應我，他不會消失不見，他甚至說：「我有消失嗎？」我說沒有，結果他一講完人就不見了。

我整個人快被搞瘋，實在是氣極了。我先生傑瑞去年十月才過世，我把自己的歇斯底理歸咎於他的離開，更不用說我整個夏天都被總統大選和川普的瘋狂行徑轟炸。喪偶之痛再加上這些事情的攪和，我怎能不焦慮絕望呢？我被各種無助感淹沒了。

我和威瑞森電信的專員講電話講到一半，至少有兩個小時了吧，結果我又突然被轉到語音提示，讓我忍不住對著語音提示大吼大叫。語音提示是個凶兆，因為在威瑞森電信掛你電話後，你得回撥並按照指示才能再次跟真人說上話。

在無止盡的等待中，我開始寫支票。用支票付帳單——這不是很過時嗎？但事實上，在這樣的時刻，這反而是明智之舉，因為不需要網路。我開了張一百四十五點八八元的支票給威瑞森電信。

這一切都始於我停掉了我家中其中一支市話。我不需要兩支市話，因為傑瑞不在了。自從我丈夫死後，這是我唯一在生活中試圖改變的事，結果顯然不是太好。

我有個朋友（她不是靈媒）認為，這是因為傑瑞不希望我停掉他的電話，但說真的，這不像傑瑞會做的事。他的聲音還在電話的語音信箱裡，於是我用手機把它錄下來，才去申請停話。他的聲音很好聽——我瘋狂地愛著他的聲音——而如今我只能從這段錄音中聽見它了。他說：「這裡是迪麗亞．伊佛朗和傑羅姆．凱斯的家，請留言。」

總之，當我要求停掉一支市話時，不知為何，電信公司把另一支市話的網路也停掉了。

我知道這一點都不合理，但一切的混亂就是從這裡開始的。因為上個月威瑞森電信就無緣無故地切斷了我的網路，我在電話中花了好幾個小時才把網路恢復。

我對那些只是想賺錢過活的專員大吼大叫，心中不禁覺得愧疚。不過你知道嗎？我後來不愧疚了，因為都已經晚上十點了，我仍然無法連上網路。我不得不再打電話去，結果對方說資料庫裡沒有我的訂單紀錄。

我真的咆哮如雷，而且還嚇到了我的狗。

然後我不禁想到槍枝管制的問題。如果我真的有把槍，不知道我會不會開槍把電話打爛？然後我又激動地想，我會不會忘記那個什麼來著——噢，彈膛——裡還有子彈，而某個可愛的小孩來我家時，會赫然發現那把上膛的槍？換句話說，我的腦海中開始充斥著憎恨、憤怒，以及不要讓威瑞森電信的客戶拿到槍這一事實有多重要。

我的網路一直到將近一個星期後才恢復，而且仍然不太穩定，所以大部分的時間我只好抱著電腦去咖啡店工作。身為完全倚賴網路的自由作家，我想我或許應該去告威瑞森電信讓我工作上有所損失、造成情緒困擾，並且賠償我十杯拿鐵。網路應該要免費才對，人們得透過網路才能應徵工作、溝通、知道在被蜜蜂螫或狀況更嚴重時該怎麼做。

能夠負擔得起網路費用，是一項極大的優勢。希拉蕊·柯林頓應該提出以下主張：「無法上網」將會因著她的就任而走入歷史，而且還要禁止所有的自動語音推銷電話。

結果，其實有許多人痛恨威瑞森電信。我收到好幾百則留言，以及透過我的個人網站寄來的電子郵件，這些人仔細地向我敘述他們在和威瑞森及其他電信公司打交道時，受到了多大的創傷。

結果，威瑞森電信打電話給我了。一位名叫蘿西的女士接手我的問題，而且還給了我她的專線，說我永遠不必再面對語音提示了。她完全解決了我的電話和網路問題。我猜，要得到威瑞森的注意，唯一的辦法就是寫一篇執行長在吃早餐時會看到的報紙專欄文章吧。

這實在是一種差別待遇。或許到處都是如此吧，我從未懷疑過這點。

除了收到讀者自身的威瑞森恐怖故事外，還有幾名男子在電子郵件中寫些曖昧的話，例如**如果你哪天去哈特福，打電話給我**。另一個男人則問我要不要在瑰麗酒店（Carlyle）和他喝一杯。我沒想到這篇專欄文章竟然成了徵友文。

在瑰麗酒店喝一杯？我和我的女性朋友們討論到這事件的後續發展。光是想到認識新的男人，就讓我煩躁不已。我很確定從對方的信件內文看來，他不是我喜歡的類型。在上城區的豪華酒店小酌一番，對某些人來說可能很愉快，對我可不是。他說他有好幾棟房子，還告訴我這些房子的地點，顯然他的錢就是他的賣點。我上Google搜尋他，沒錯，就是他。

我的朋友潔西建議，我不需要愛上某人，但我倒是可以找一個男性友人，類似男朋友。我回信給這名男子，表示我不確定自己是否已經準備好要約會了，我需要想想。我會在勞工節*之後回覆他。

* 譯注：九月的第一個星期一。

這樣一來我還有幾週的時間可以思考。新的生活，新的男人？我想，我或許會跟他見面吧，但我需要想想。

儘管我告訴他我需要一段思考期，但他還是幾乎每天都寫電子郵件給我（我開始覺得被郵件「轟炸」了），建議我們可以在其他地方碰面，而且盡是些高級時髦的場所，他還想要介紹我認識一些人，例如某個在高盛集團工作的傢伙。甚至連他的助理都會替他寫信給我，邀請我參加某個在康乃狄克州的活動。他覺得那樣可以吸引我嗎？海瑟猜想他的妻子剛過世八天——結果其實是兩個月，我在Google上查到的。天啊，你可以在Google上搜尋任何事物。我的意思是說，這點我們都知道，但你真的什麼都可以上Google查。他的妻子看起來是個和善的女子。我不知道他是不是跟朋友們打賭，他一定有辦法把我約出來。

一開始我還覺得受寵若驚，但很快就覺得自己被脅迫了。

我的母親讓我充滿抱負和野心——這點我非常感謝她——但她從來沒教過我要如何與男性互動。「選定一個髮型後就不要換了。」我八歲的時候，她這麼告訴我。「在一般狀況下，你已經夠漂亮了」則是另一句她常說的話。關於戀愛／男人／愛，她教給我的就是這樣了。我是在歷經了一些心理諮商和許多無情的男友後，才逐漸找到自信。在我內心深處，仍住著一個脆弱的單身女孩。在我成為此刻的女人之前，過去的那個女孩一直渴望被人渴望。

我的情感因著傑瑞的死亡而心慌意亂，我可以感受到那個女孩正在我體內拳打腳踢，等著把我撂倒。

我有條生活守則：人們之所以踏出第一步，是因為他們想要繼續走下去。打從三十多歲一團混亂的單身歲月開始，我就將這條守則奉為圭臬，它能夠幫助我剔除不良男友和不適合共事的人。我沒有再回覆這個男人的任何一封電子郵件，但它們還是不斷出現。我已經告訴他我會在三個星期後回覆他了，他是在跟蹤我嗎？

我封鎖了他。然而，還是有一封電子郵件突破防線出現在我信箱中。那時，我自己一個人去看電影，在片尾名單播放完畢後打開我的手機，發現他寫了一封貌似日記的信件，假裝我們都是十一歲，信中敘述著我有多喜歡他。

我看了毛骨悚然，恐慌症幾乎要發作。抬頭一看，偌大的電影院空無一人，我覺得非常不安。

那天晚上，我諮詢了我的朋友比爾，他是一名精神科醫生，也是我所參與的「同理心計畫」（The Empathy Project）成員。同理心計畫是一群醫生和製片人的合作計畫，專門製作教導醫生抱持同理心的影片。在聽完我的故事後，比爾說：「我不認為他是瘋子，我想他只是不成熟。你回他一句話就好，不用稱呼他的名字，你只要寫『不要再寫信給我了』就好了。」

這招奏效了。

約會就是這樣嗎？是不是如果你讓別人知道自己單身，就會出現這種情況？就和我年輕的時候沒什麼不同嗎？

我開始打量路上一些年紀較長的男性——事實上，應該說是老男人。我的意思是，我是老人，他們是老人，我們都是老人——然後我再一一排斥他們。**他的襯衫沒有紮進去**。**他的眼鏡歪歪的**。**他的頭髮根本一團糟**。我這麼做既討人厭又幼稚，但這是一種自我保護。

・・・

大約在那個時候，為我在全國各地安排活動的演講協會告訴我，明年在休士頓舉辦的榮格研討會想邀請我去演講。我記得很清楚，我從來沒有受邀至任何心理分析學術大會中演講過。我心想，**榮格是什麼？在我去演講之前，我最好找個榮格學派的人問問**。

我當時也想——我對這點也記得很清楚——自始至終我都只對兩種人感興趣，作家和精神科醫師，因為他們都對人的情感抱持好奇心。當然，這種想法很可笑。很多男人都對情感抱持好奇心，而且或許有許多作家和精神科醫生並非如此。儘管如此，那幼稚、不成熟，但又懷抱盼望的想法，的確掠過了我的腦海。

• • •

九月底的時候，我想出國卻出不去。

搭機前一晚，我試著印出我的登機證，卻收到以下訊息：**無法核發登機證，請提早三小時抵達機場驗證護照**。我打電話給達美航空，結果與專員通話的等待時間是兩個小時，於是我直接把電話掛了。

隔天一早，我一起床就打過去，等待時間是兩分鐘。「為什麼我無法印出登機證？」我問道。「這是隨機挑選的結果。」對方如此告訴我。

因此，我只能提前四個半小時離開第十街的家，前往甘迺迪國際機場。除了擔心去機場後的報到問題，我也知道此時正是聯合國的會議期。這在曼哈頓可是大事。在聯合國開會期間，你一定要搭地鐵——這是紐約客的生存法則之一。此時到處都是交通地獄，而且交通糟到會讓你懷疑人生——懷疑你為何要住在這裡、為何會喜歡這地方，以及怎麼會挑在這時候去度假。我打算去拜訪理查、茱莉亞和他們的親友，他們就像我的第二個家庭一樣，我還要去看看我教女剛誕下的小寶寶。儘管如此，我到底在想什麼？

我想我就要錯過班機了。我打電話給達美航空，要他們別把我的位子賣出去。那張機票是我用點數換來的。我想航空公司一定很後悔推行點數和一切相關制度，因為這等於是要他們免費提供服務，所以合約條款一點都不友善：「優惠須視供應情況而定且可隨時做出更改，恕不另行通知。」

當我終於趕到機場，我告訴地勤，我沒有登機證，因為我被「隨機挑中」了。從他的表情看來，他似乎從來沒有聽過這種事。

他看了看我的護照說：「你不能飛去法國，你的護照在三個月內就會過期了。」

「但我才出去五天而已。」

「規定就是這樣。我只能安慰你，其實這種事每天都在發生。」

「所以到期日根本沒有意義嗎？」

「對。」

所以我根本不是被隨機挑中的，我其實是被拒絕了。

我打電話給蘿倫，告訴她可以回家了，她這幾天本來要幫我照顧甜甜的。

我傳訊息給理查和茱莉亞，通知他們我去不了了。

我無法忍受再次塞在高速公路上，於是我改搭機場電車再轉地鐵，其實還蠻不錯的。我在西四街下車，還得拖著我的行李箱爬上好幾段樓梯。有時候，我真想對紐約這城市大吼大叫，但我只是默默地走了十條街回家。

甜甜看到我很開心，又跳又舔，還發出彷彿喜極而泣的吠叫。當初她傷心地看著我打包行李，也看著我離開家門，以為我真的會去某個地方。沒有任何事比得上你的狗狗熱烈歡迎你進門了——我打開門的那一刻，馬上聽到她的爪子因在樓梯上狂奔而發出的聲音。我用她的小把戲迎向她：**坐下**。**不動**。**甜甜，來**。她每完成一個動作，我都給她獎賞。

還好，《決戰時裝伸展臺》（*Project Runway*）正好在電視上連播，我甚至不介意廣告時間比節目還長。我的包包裡還有原本準備在飛機上吃的三明治，於是我邊吃邊看電視。

我和甜甜就這麼待著。我到不了法國，但不知怎地，我覺得沒關係。

•
•
•

二〇一六年的十月二十二日——傑瑞過世一週年。

現在，我已經在沒有傑瑞的狀況下度過了他的生日、我的生日、我們的結婚紀念日，以及所有的節日假期了。我開始遺忘傑瑞虛弱和生病的樣子，反倒更記得他健康時的樣子——一個充滿活力和喜樂的人。我比較喜歡這樣。我每天都有事情想要和他分享，我也一直都能夠寫作，現在我能夠好好睡覺了，我愛我的朋友，甜甜每天都為我的生活增添一絲樂趣。太陽下山後，我仍然會感到迷失，公寓裡的沉默實在太刺耳了，但我想我應該沒事吧。

我來到紀念九一一事件受難者的紀念碑前，站在那些美麗的瀑布池子旁。我想要身處某個神聖的地方。

第二部　彼得
Peter

三天後，有一封電子郵件經由我的網站出現在我的信箱裡。

姓名：彼得．魯特醫生（Peter Rutter MD）

訊息：

親愛的迪麗亞——

我是彼得．魯特。我們（過去）彼此認識，當時你還是康乃狄克學院（CT College）的新生，而我在哥大（Columbia）唸書，是你大姊撮合我們。對於你先生和姊姊的逝世，我深表遺憾。我現在在灣區當精神科醫生／榮格心理分析師，之所以寫信給你，主要是出於以下幾個巧合：你的書《錫拉庫薩》，以及你在《紐約時報》那篇試圖在先生過世後停掉市話的文章。在我太太過世後，我也想要停掉她的電話，而且我和你的遭遇幾乎如出一轍。即便她已經使用那隻號碼三十幾年了，電信公司仍堅稱我必須支付提早解約的費用；雖然現在處理的結果尚未定案，但我還是回了個「提早解約」的梗圖給他們。至於《錫拉庫薩》（我很喜歡這本書）：我和我太太最後一次的長途旅行就是去西西里／錫拉庫薩；我們住在奧提加（Ortigia）的多莫斯．馬里（Domus Marie），那裡的景色就像你的書籍封面一樣。她也是榮格分析師，三月的時候死於肺癌（但她不抽菸）。我去大峽谷健行，試圖藉此撫慰我的傷痛——我在過去幾個月裡去了兩次——如今仍在努力中。我們有兩個孩子，現在都三十幾歲了，九月的時候還迎來了可愛的小孫女。如果你想繼續保持聯絡（我是很想），可以寫電子郵件或打電話給我。〔他留下了他的電話號碼〕祝你一切安好，彼得。

這封信讀起來很舒服。輕鬆，簡單，友善。而且還來自一名榮格心理學家。說真的，我想，最令我震驚的莫過於此了。

諸多巧合令人毛骨悚然。因為我姊姊的關係，他出現了。他與已故妻子的上一趟旅行是去錫拉庫薩，也是我小說中的主要場景。那是個西西里的沒落地區，這機率也太低了吧？還有，他喜歡我的書。面對一名作家，他真的很清楚要如何投其所好。

不過，我完全不記得以前曾跟他約會過。

我又上Google做功課了。他有兩間診所，分別在馬林郡（Marin County）和舊金山。但我找不到他的照片。應該說，螢幕上跳出許多和他同名的男性照片，他們都長得不一樣，我不知道哪一個才是他。不過後來我找到了他寫的書：《性愛禁區》（*Sex in the Forbidden Zone*）和《性、權力與界線》（*Sex, Power, and Boundaries*），並且讀了一些書評。天啊！太神奇了，他是性騷擾議題的專家。

我馬上把他的信轉寄給潔西。我在採取行動前，幾乎都會先諮詢我的女性好友，尤其是現在，我最脆弱的時刻，我的女性好友就是我的守護天使。潔西之前在紐約時住得離我很近，當初她編寫了音樂劇《女侍情緣》（*Waitress*），後來又投身於劇本創作與導演工作。我們常在我們最愛的法式餐廳布維特（Buvette）喝咖啡，不過我想，我的悲傷應該對她造成不小的負擔。

潔西有一種靈性，也可以說是她的智慧。當她說「你會沒事的」，聽起來就像是她曾與某種神靈有所接觸，所以她早就知道了。她散發出一種單純的美麗氣息，在南加州長大的她，舉手投足卻像個來自大草原的女孩。她渾身充斥著矛盾的魅力：質樸實際卻又充滿靈氣，富同情心又生性堅毅。最重要的是，我認為潔西就是那種讓你願意向她掏心掏肺的人，尤其是愛情的祕密。她重感情又可靠，所以我毫不遲疑地把彼得的信給她看。

潔西回信給我：「我認為這個人值得你進一步認識他。」

我等了兩三天才回信，我也不知道自己為何這樣。

迪麗亞給彼得，十月二十九日，星期六：

嗨，彼得，

很高興聽到你的消息。

對於你妻子的過世，我很遺憾。

你說你和太太上一次的長途旅行是到錫拉庫薩，並且你也因著為她申請停話而和威瑞森電信纏鬥了很久，這實在很奇妙。此外，你的電子郵件帳號也呼應了這點。我曾經夢到我某本小說的故事背景，但我卻從來沒有去過那個地方。然而，當我寫完整部小說並親身造訪那裡時，我發現我所寫的事物竟出現在真實情境裡。我就這麼不經意地看到它們，甚至連某棵特定的樹都出現了！這不是巧合，對吧？過去我總認為一切都毫無意義，然而如今卻開始相信一切都有其意義了，不過我還是常常不確定這些事情到底有什麼意義。

說到這，幾週前我接受了一個演講邀請，是位於德州的某個榮格研討會，我還在思考我最好先弄清楚榮格是什麼呢。

在寫完那篇《紐約時報》的文章後，我很高興如今我在威瑞森電信有了一名個人專員，我再也不用甩語音提示了。她的名字叫蘿西，你需要她的電話號碼嗎？

我也很高興你喜歡《錫拉庫薩》，謝謝你。

有件事我覺得很尷尬——老實說，我對於我們的約會完全沒有印象，我希望你對此也沒什麼印象了。不過既然你如此善於分析，或許你記得比我還清楚。諾拉撮合我們嗎？你是怎麼認識諾拉的？

攀登大峽谷真的很厲害，從方方面面來看，這實在太高竿了。我不健行——除非走到社區另一頭的麵包店也算的話——但我對健行的人心懷敬意。我可以想像你此刻的處境，我也相信健行可以考驗你、拓展你的人生，同時提醒你，每個人都在經歷這些事情，並且幫助你「微調」你的生活，擁抱此時此刻。有個朋友最近告訴我，旗桿市（Flagstaff）*的夜晚幾乎看不到任何燈火，所以你可以看到一整片星空。我還蠻渴望那種體驗的。

我還在試著釐清我究竟是誰，這個新版本的我是怎麼回事。感謝老天，寫作的工作和任務接踵而來。

我現在住在天堂裡，每天我在外面散步時總是想著，我不敢相信自己竟然能住在這裡，而且我還有好到不可思議、風趣又忠誠的朋友和家人，這點真的很棒。

我從Google得知你寫了《性愛禁區》和《性、權力與界線》。我想這是你吧？你是怎麼對這議題心生共鳴的？

迪麗亞

隔天，彼得給迪麗亞：

嗨，迪麗亞，

在這沉悶、陰雨、昏暗，但總是美麗動人的北加州早晨，能夠一醒來就看見你的訊息真是令人欣喜。誠如你所述，我們的所住的地方和天堂相去不遠。你寫的每一句話，都讓我想要給予你更多回應。

---

* 譯注：位於亞利桑那州的城市，地處科羅拉多高原的南緣。

不過，因為我得趕著去看我們家三代的女性——媳婦艾莉森、九月二號出生的孫女伊德拉，以及德州的祖母艾琳（我兒子拿弗他利要在薩凡納電影節〔Savannah Film Festival〕播映他的短片）——所以我現在先簡短回你，之後再多寫點。

書：先回答你信中最後的問題。對，那些書是我寫的，在《性愛禁區》的頭二十頁裡，我有提到這個議題如何在我心中浮現。謝謝你特地詢問我，我也附上這本書的電子檔供你參考。既然我讀了你不只一部作品，你就把這當成作者的回禮吧。

巧合：你所夢到的真實情境和來自德州的邀請實在涉及許多層次和範疇，不過這一切的起始點其實相當單純，而且是地理性的。你喜歡猜謎嗎？隨信附上我一年前去划獨木舟的照片，那是某個重要河流匯集點的上游八十公里處。想猜猜看這是哪裡嗎？

諾拉：我一九六二年的暑假在《新聞週刊》（*Newsweek*）打工，並且在迪克．夏普（Dick Schaap）的指導下擔任初級體育記者。我愛上了辦公室裡的每一個女孩（她們一致認為我對她們而言實在太年輕了——她們說的沒錯）。在那之後，我遇見了你，而且我還真的記得許多細節。我們約會了好幾次，包括有一天晚上你父母還帶我們去百老匯看《戀愛留學生》（*Take Her, She's Mine*）。

我發現我實在很難寫得簡短，所以我就用先英國人美妙的道別方式結束這封信吧——先說再見囉！

彼得

這封信有兩個附件：他的書和一張照片。他坐在獨木舟裡，水面很平靜，身後是暗紅色的岩石峽谷。他看起來氣色好極了。

我怎麼會不記得他呢？而且我們居然還約會過好幾次？他見過我父母，並且和我去看了《戀愛留學生》。那是我父母寫的劇，在我大一那年於百老匯公演。

後來，彼得過了很久才告訴我，當他讀到「你是怎麼對這議題心生共鳴的？」這句話時，他立即不假思索地說：「*Bashert*。」而且還是大聲地說了出來。

他說，他不是個會自言自語的人，但這句話就這麼脫口而出了。*Bashert* 是意第緒語（Yiddish），也是猶太文化中耳熟能詳的字，意思是「命中注定的靈魂伴侶」。

我讀了那本書的前言，那是他的故事——某個病人讓他了解到，女性病人的脆弱如何撩撥男性醫生的幻想，以及他發現他的心理分析老師和女病人發生了性關係，甚至連他許多同僚都知道此事。這是一本絕佳好書——在個人、政治、情感和心理層面上皆然。我之所以能夠如此肯定，是因為我後來又讀了好幾遍，但第一次閱讀時我只是很快速地瀏覽而過，因為裡面的內容令我有點難以承受。

這男人很正派。

我發現我有位朋友應該認識他。

我的朋友艾麗斯也是在灣區執業的心理師。她是我的高中同學，也是我認識最久的朋友，於是我打電話給她，

「我的天啊，他想要追你嗎？」她說。

「我只是收到他的電子郵件，因為一個月前他讀到我那篇關於威瑞森電信的文章。」

「我晚點再打給你，我現在和另外四個女人在車子裡，正要去參加讀書會。」

隔天，她回電給我。她見過他，也知道他的妻子過世了。她不算真的認識他，但她的確知道一點他的故事——他和他妻子離婚了好幾年，後來又復合再婚了。

這點我喜歡，因為這讓他顯得更有趣。回過頭來看，為什麼這讓他顯得比較有趣，我想是因為我覺得他和別人不一樣吧，而且或許他的心中有更多空間容得下我。

兩天後，我們彼此通了五封信。

迪麗亞給彼得：

天啊，你和我跟著我父母去看《戀愛留學生》？我實在不知道該從何說起。我們還約會了好幾次？我想問個直接的問題：你當時有親我嗎？你只要回答我「有」或「沒有」就可以了。

你在獨木舟裡看起來很開心。

謎語（重要匯流處）：我連填字遊戲都不會，但我猜那裡是亞利桑那州的旗桿市附近，紅岩峽谷國家公園（Red Rock Canyon）那兒。我還小的時候，曾連續幾年都去旗桿市附近露營。

我讀了你書中的序言，內容充滿張力，讓人揪心。我很欣賞你的誠實。我先生從來不會逃避某種感受，也不會因為我的任何情緒而責備我，我真的很感謝他這美好的特質。但此刻我很難好好消化這本書。

最近的選舉新聞使我幾乎無法正常生活，星期天早上也爬不起來，結果現在卻大半夜睡不著覺。我周遭的每個人都要瘋了，我則是再也不看電視或報紙了——我實在無法忍受當中的內容。請原諒我可能誇大其詞，但你知道嗎？這種瘋狂的感覺，就好像你得知了一個糟糕至極的消息，例如關於伴侶的噩耗。在那一刻，你彷彿被困在一個無法逃脫的箱子裡。這就是我現在的感覺。

祝你和家人能共度美好的時光。我在這裡則是被雨困住了。

迪麗亞

彼得給迪麗亞：

迪麗亞——

我可以從信件中感受到你那在黑夜中顫抖不已的心情，也理解你感覺被困在箱子中無法脫逃的感受。至於我，則覺得自己一隻腳在箱子內，一隻腳在外。我完全能夠同理你對選情的焦慮。這週末我要開車去雷諾（Reno）助選，為希拉蕊和凱瑟琳·科爾特斯·瑪斯托（Catherine Cortez Masto）拉票，後者和哈利·瑞德（Harry Reid）

在參議員選舉中實力不相上下，如果她贏了，她將會是美國史上第一位拉丁裔參議員。

至於當初有沒有親你——沒有。

那張獨木舟的照片是在猶他州摩押市（Moab）附近的科羅拉多河（Colorado River）拍的，那裡是激流峽谷（Cataract Canyon）的起點，距離綠河（Green River）和科羅拉多河匯流處再往上八十公里，這兩條河合力雕塑出（如今大部分被鮑威爾湖〔Lake Powell〕所覆蓋的）格倫峽谷（Glen Canyon）和大峽谷（Grand Canyon）。

這些是比較簡單的答案；關於你／我的信，我還有好多話想跟你說。

你想要和我通電話嗎？只要是你方便的時間，我都可以配合。你有我的號碼，或者你把號碼給我，並讓我知道什麼時間方便打給你。

先說再見囉！

彼得

迪麗亞給彼得：

講電話？

我對科羅拉多唯一的印象就是，丹佛在那裡。我打從骨子底就是個城市女郎，你最好知道、也相信這點。

至於顫抖，或許是因為北加州發生地震吧。除非發生了「相約薩馬拉」的故事情節*，以至於地震也跟著你過去了，不然你去雷諾反而好。

你去雷諾助選是件好事，真的很好。

好吧，說認真的——我不明白我們之間的連結是怎麼一回事，但它顯然是存在的，我其實有點吃驚和害怕，事實上，我是單純地感到害怕，因為我怕跟你講話會讓我更想念傑瑞。我不是那個意思，但我確定你知道我是什麼意思，而且你也會因為跟我說話而更想念你的妻子。就某個層面而言，我知道我必須繼續過日子，而且是帶著強烈的意志走下去，也許死亡讓我對生命更有熱忱了吧。總之，這一切都很弔詭，但我實在不敢相信我會對一個陌生人吐露如此私密的事。我被這一切搞糊塗了。

讓我今晚考慮一下。

D.

彼得給迪麗亞：

迪麗亞——

沒問題，你當然可以想一想，並且按照你的心意去做。我覺得你理解了我至今尚未出口的話，也就是應該要填在我心中那空括弧裡的想法／感受：（　　）。要填的東西太多了。

然而，此刻我只想對你說：自從維吉妮亞死後，從來沒有任何一個人像你一樣，讓我懷抱著那麼多期盼。

＊譯注：一位巴格達商人派僕人到市集上辦事。僕人回來後臉色蒼白，說剛才在市集上看到死神向他比了一個威脅的手勢。僕人請主人給他一匹馬，好讓他趕緊離開這裡，躲避死亡的命運。商人把馬借給了僕人，僕人馬上以最快的速度朝遠方的薩馬拉飛奔而去。後來，商人來到市集上看見了死神，於是問祂為什麼用手勢威脅他的僕人，死神回答：「那個手勢不是威脅的意思，而是看見他身在巴格達，我感到十分驚訝，因為我和他今晚在薩馬拉有個約會。」

是我們各般的因緣際會，淬鍊出這份不多不少的盼望。

儘管我倆的過去可能是幻覺，也可能是真的心靈相通，但就某種程度而言，我們仍是陌生人，只是我們多少把對方視為潛在的親密盟友罷了。

我們還有另一個共識：除非有無懈可擊的理由，否則我們當中沒有人想要逃避。我很欣賞你如此完美地將這項特質歸功於傑瑞（我也很欣賞他這點）。

至於我，我已經和維吉妮亞商量過了——我不是真的和她實際對話，而是在哭泣中感受到她，（永遠銘記她的離去）並知道她會希望我不要逃避，而是去明白這究竟是怎麼一回事。

我相信我們的心會告訴我們該怎麼做的。

P

如果我不和寫出這種信的男人說說話，那我一定是瘋了。「潛在的親密盟友」，多麼美妙的形容啊！有沒有親我？「沒有。」他據實回答了我的問題。從字裡行間，可以看出這個人的許多特質：他把我的問題聽進去了，他尊重界線。還有，他很體貼。沒錯，我就是這樣逐字逐句地剖析他的信。於是我們約好了講電話的日子。我還寫信給他，跟他說我要去買雙靴子。

結果他寄給我一首歌：伊恩和席維亞（Ian and Sylvia）的〈陌生人，進來吧〉（*Come in Stranger*）。他寫道：「除了買靴子，再給你兩分鐘預備即將到來的時刻——與陌生人的談話時間。」

〈陌生人，進來吧〉是我們那個年代的動聽民歌：「再駐足片刻，好讓我所愛的人，不再陌生。」然後，他又寄給我另一首歌：〈常在我心間〉（*You Were on My Mind*）。隨著我們的感情逐漸升溫，他又寄給我一首〈乾柴烈火〉（*This Wheel's on Fire*）。他在追求我。

這時我已經快把潔西搞瘋了。當時《女侍情緣》已經開演了，而且她還在編寫並預備執導另一齣音樂劇《愛麗絲之心》（*Alice by Heart*），不過她仍抽出時間聽我喋喋不休地說著我是否可以這麼做、還是不該那樣做。然而自始自終，不論能不能做的，我全都做了。若你遇上了好的浪，二話不說就直接衝了吧，畢竟時機點不是你可以掌控的。

我們第一次通話是在十一月一日，星期二。我坐在傑瑞的書房沙發上，用市話打給彼得。為什麼我選擇在那裡講電話？我想是為了讓自己盡可能地倍感艱難吧。我就要聽到他的聲音了。他的聲音好聽嗎？想到我可以真實地與他對談，不只是透過電子郵件認識他所呈現的個性，實在是讓我焦慮不已。

我只記得，當時我一心只想掛上電話。他的聲音很正常，不像傑瑞那麼平滑，比較低沉沙啞。我不記得我們說了什麼，我唯一記得的事，就是在我們聊了十五分鐘後，我說我要掛電話了。他有點訝異，於是問我能否在他看完下一個病人後再打給我。（這讓我不禁想著，精神科醫生在看每個病人之間的十分鐘空檔，都在做些什麼？）他不死心地懇求我，於是我答應了他。一個小時後，我又在我的書房裡跟他聊了一會兒，沒有太久。

我是那種適應力比較差的人，總是前進幾步又後退幾步——這就是我。一直以來我都是如此。

而且這整件事還有一個重點：我們雖然七十二歲了，但年齡完全不是問題，我們就像任何被下了愛情魔咒的人一樣瘋狂執著。

我們約好在星期五講電話，也就是幾天後。彼得又寄了另一首伊恩和席維亞的歌給我：〈明日何其漫長〉（*Tomorrow Is a Long Time*）。我回他：「這首歌真是浪漫。」彼得回覆我：「親愛的，你一定也注意到了吧，我也是。」

我們就這麼以簡短的字句魚雁往返著。在彼得驅車前往內華達州助選的去程和回程，我們共講了八小時的電話。我其實不記得我們聊了什麼，總之我們什麼都聊。由於我們約會過幾次，所以我過去可能對他當時的生活還有點印象。根據彼得所述，我們還去看了哥倫比亞大學的美式足球賽。我對美式足球賽還依稀有點記憶，不過不是跟誰去，而是當時在下雪。大腦的運作方式真的很奇怪。彼得說，沒錯，當時突然下了一場雪。彼得還記得我們曾在阿爾岡昆飯店（Algonquin Hotel）的階梯上聊天，那是我父母經常留宿的飯店。他完全不記得他們難相處的個性或酗酒的樣子，也不記得我那頂著後梳時尚短髮、穿著入時套裝、將一杯又一杯的傳統蘇格蘭威士忌一飲而盡的母親。即便我父母的婚姻既苦澀又充滿憤怒，但他對他們緊張的關係毫無印象，他只記得他和我在聊天，但不記得聊了什麼。

我後來才知道，彼得其實是紐約人，他在上西區的一〇二街與中央公園西大道那裡長大。他和我一樣是猶太人，而且他的父母是左派的忠實擁護者。在他五歲的時候，他的父母離婚了。七歲那一年，他在公園那側的街道上和朋友們玩耍，突然間，一道尖叫聲傳入了他的耳中，緊接而來的是極大的碰撞聲。他的母親和姊姊躺在路中央，一台車撞倒了她們。

他再也沒見過他的母親。她在送醫急救後不治死亡。沒有人帶他去參加葬禮。他的姊姊活了下來，斷了一隻手臂和兩條腿，在醫院住了兩個月才回家。他的父親並不是什麼仁慈的人，此時他搬回來與他們同住，並且不准彼得和他姊姊提到任何關於母親的事。

對許多人來說，悲劇是人生的一部分——像我就一直對我父母的憤怒心生恐懼——但他的悲劇卻尤其嚴重且突然。這顯然形塑了他，也說明了為何他最後決定不當體育記者，反倒去讀了醫學院，成為一名精神科醫生。我有兩名好友，她們的母親在她們的童年時期不幸驟世。潔西的母親在她三歲的時候過世了，她將這些遺族稱為「沒有母親的孩子」。據她所說，這群人極富同理心。彼得就是如此，他真的非常善解人意。他認為，是每年夏天他去賓州參加的貴格會夏令營救了他；他在那裡學到大自然是如何療癒一個人、讓人尋得平靜，這也是為什麼他會在妻子死後去大峽谷健行。

他對我有興趣。打從我們相識的一開始，彼得總是會說「再跟我多說一點」。他就像傑瑞一樣，從來不曾責備我的任何感受。

我們聊到性騷擾議題時，我才知道最高法院直到一九八六年才一致通過並宣布性騷擾隸屬於一九六四年《民權法案》的管轄範疇。在此之前，性騷擾並不被視為一種犯罪。彼得將他的信念付諸行動，過去十年來，他一直代表受害女性在法庭上作證。

他認為心理治療應該是每個人都負擔得起的服務，所以他的私人診所接受聯邦醫療保險（Medicare）和低收入醫療保險（Medicaid）。在他離婚的那些年裡，他在加州納帕郡

（Napa County）和曼哈頓中城區（Midtown Manhattan）的診所執業，當中有許多病人是非法移民、遊民和非法用藥的上癮者。科羅拉多州博德市（Boulder）也曾是他的服務地區。他的一生峰迴路轉，但顯然是一趟治療師的人生旅程。

通常我喜歡和人在電話中互動，但現在簡訊和電子郵件取代了大部分的溝通方式，也剝奪了我與朋友之間滔滔不絕的對話。如今，我和彼得以聲音相互連結，向對方吐露心聲，進而更加認識彼此，這是場精采的冒險。

在收到彼得第一封電子郵件的九天後，半夜，迪麗亞給彼得，一封只有主旨的信：

我想念你。

之後，彼得給迪麗亞：

我也是，親愛的D。

我們都還沒碰過面呢。

不過我們的確有此計畫。

彼得會在接下來的週末飛來紐約看我。在這之前，我們每天都互通無數封電子郵件，外加每天晚上煲電話粥。宇宙彷彿送了我們一份大禮——在看似愛情已然無望的人生階段，竟得以體驗墜入愛河的瘋狂和顫抖，這一切皆以迅雷不及掩耳的速度向我襲來。這種事，我這輩子只發生過兩次，另一次就是遇見傑瑞的時候。

我想，這應該是一封決定成敗的信，因為內容和錢有關。我知道我絕不能跟一個小氣鬼交往。雖然我不覺得他會是個吝嗇的人，但我還是得知道才行。我在信中稱之為「禱告」，但其實是一個測試。

迪麗亞給彼得：

親愛的彼得，

我今天做出了以下禱告：

我祈禱，你是個大方給予小費的人。

我祈禱，你知道那些人努力地去做那些我們不想做的事，他們應該為此得到報酬。

而且，當你和別人平分帳單時，你永遠不會問同桌的人：「你給多少小費？」

我祈禱，你總是那個先付帳的人。

而且，當你必須和人平分帳單時，你會將錢準確地對分。

我祈禱，你會直接掏出信用卡而不去看帳單（除非在國外的廉價酒吧）。我知道我的要求很多，但這很重要。

陶醉癡迷但依舊小心翼翼的迪麗亞

當天稍晚，彼得給迪麗亞：

陶醉癡迷且小心翼翼的親愛的——

在你寄信給我之前，我就醒了。看了看信箱，沒有信，昏昏沉沉地躺回床上，想念你，希望你就在我身旁，同時心裡想著：**她在哪裡？**

然後我安慰自己，我很快就會收到你的信了，果不其然，你的信來了！

你所提到的每一點，我都能達到完美的十分——說不定還更高。就算侍者的服務有缺失，我仍喜歡給他們百分之二十的小費；這是他們在從事這項吃力不討好的工作時，應得的部分薪水。我打從骨子裡就是個無產階級，從不覺得自己高人一等。我在掏出信用卡之前，從來不先看帳單——我之所以在帳單送回來後查看消費金額，是為了計算百分之二十或更多的小費。有件事你忘了問：是的，我的小費金額是根據含稅後的總價去計算的。

在歐洲，除了某些自動納入帳單的收費外，我總會在桌上再額外留下幾歐元。誰會想到我們的這些考量，會是決定是否更進一步的關鍵要素呢？不過它們的確是必要的。

你的（我帶著真摯和強烈的情感如此說）彼得

在我寫下關於錢的禱告那天，同時也是總統大選日，而希拉蕊·柯林頓在紛紛擾擾的選舉人團中輸了這場選舉。當時我在我姊夫家看著開票結果，意識到她的／我們的大勢已去，這消息讓我幾乎要昏倒。這分裂感是如此強烈：在私生活中感到歡欣無比，卻對我們的世界萬念俱灰。

在我們碰面的前一晚，彼得給迪麗亞：

我和你一樣悲傷。

至於那些幫助我們走到這步的人，我們會給他們一個交代的。

我的寶貝。

希望你能安然入睡，並在醒來時讓這封信深深觸動你的心。

迪麗亞，我愛你。

來自彼得——完全屬於你的陌生人。

• • •

十一月十二日，星期六，是我們第一次面對面的約會。讀著我們寫給彼此的信，我不敢相信如此互訴衷情的我們竟沒有見過面。回過頭來看，我們早已墜入愛河。然而這也可能迎來一場災難，畢竟那些電話與信件宛如夢境，是我們心目中的理想樣貌。

彼得會來我的住處，這讓我很擔心，因為這裡基本上仍是我和傑瑞的公寓。我擔心他難以跨越這道心理障礙，而且這對我而言也很不容易。房子裡擺著我和傑瑞的合照，牆上掛的是傑瑞的作品海報，他的衣服仍在衣櫥裡。我在通話中得知，彼得如今已經搬到新的住所了，那是位於米爾谷（Mill Valley）的一間公寓。他和他的妻子原本就計劃把房子賣掉，將收入作為他們孩子買房的頭期款，所以他在妻子過世兩週後就搬出來了。

我可愛的管家琳達已經陪伴我二十幾年了，她溫和地下達指令，要我把傑瑞的衣服拿到地下室捐給慈善機構，清理他的書桌，同時把他的電腦放進衣櫃裡。最令我難以割捨的，是他的眼鏡。我總把它放在我的書桌上，筆電的左後方。我看到它就覺得安慰，彷彿傑瑞在陪伴我工作似的。我為什麼把它丟了？我也不知道，畢竟我那時候有點慌亂。不過我到現在都還是很後悔。

我們約會的那一天，我去店裡洗頭髮，還去了一趟波道夫・古德曼百貨（Bergdorf Goodman），因為我認識一名在那裡工作的化妝師，她週六也上班，可以把我打點得整齊漂亮些。我穿了什麼呀？我記得是黑色的皮褲和深色襯衫。當然囉——還要配上靴子，它們可以讓我更有自信。我們預約了市中心一間迷人的小餐館謝謝米丁（Cherche Midi），可以從我家直接走過去用餐。潔西透過關係為我們在那裡安排了位置。我打給潔西好幾次，只為了確保我們可以被安排在角落的位置——餐廳裡可能很吵，我希望我們能聽得見彼此說話。我心慌意亂，但潔西總是很有耐心。「什麼？你讓他去你家？」一名朋友對我說。我不記得是哪個朋友，但她根本不懂我們在電子郵件中的交流有多深入。

我摘下了我的婚戒。

當我親眼見到他時，我整個人幾乎要瘋了。他有著深邃的眼眸，滿頭銀髮，以及迷人的一抹微笑。我愛他的笑容，他燦爛的笑顏和臉頰形成一道弧線。他的眼光從未離開我——至少就我記憶裡是如此——總是幸福洋溢地盯著我瞧。我一百六十公分的身高配上一百七十二公分的他，剛剛好。

他送給我一朵玫瑰花，以及一只祖尼族（Zuni）的石雕動物偶像，這紀念品來自美國西南方，他靈性上的故鄉。

一開始，我們來到廚房。我不希望他坐在傑瑞的早餐椅上，但我沒有告訴彼得，也沒有說傑瑞就在這裡，不過這裡無疑有三個人。我知道是我不願讓傑瑞走。廚房空間不大，這種近距離的接觸讓我很緊張。隨後我們來到客廳，雖然我們並沒有什麼說什麼親密的話，但卻可以感受到兩人之間高漲的情緒。吃晚餐的時候，我緊張到舌頭打結。我問他喜歡什麼顏色，隨即又注意到他看著我的眼神是如此喜悅，於是我說：「我們沒有要在這週末結婚喔。」

語畢，我們同時大笑起來，而氣氛大概也是從此刻開始變得輕鬆。不過我說過，我的記憶有點模糊了。只有一點我倒是記得很清楚：我們共享一份覆盆子舒芙蕾，這是我最喜歡的甜點之一。當我們離開餐廳時，就在休士頓街（Houston Street）與包厘街（Bowery Street）的交叉口，彼得吻了我——不是輕輕一啄，而是深情又認真的一個吻。

在他臂彎緊緊的環抱下，我們走回我的公寓，在客廳沙發上親熱起來，彷彿青少年似的。我們倆情投意合，充滿愛情的火花。直到約莫半夜時分，他才離開我家，回到附近的飯店。

隔天早上當我起床時，我覺得自己在身體和情緒上都筋疲力盡且精神恍惚，而且我整個人嚇壞了。我們說好今天中午要在華盛頓廣場公園（Washington Square Park）碰面，但我心想，**我沒辦法！我沒辦法和一個陌生人展開新生活，我沒辦法再次把自己的人生交給某人，重新開始。接下來要怎麼辦？接下來會怎樣？直到我們其中一人先死去嗎？**

我打電話給潔西，此時我已經幾乎要歇斯底里了。「我沒辦法。」我不斷地重述這句話。「或許我只是想要性愛吧。」我好像甚至還用了「砲友」這個詞。我這輩子從來沒說過這個詞，我已經老到不適合說這種話了，但我不知道自己怎麼會脫口而出。我恐慌了起來。「他有一個背包。」我告訴潔西。

他真的有一個背包，一個嚴重磨損、看起來曾經和他一起環遊世界的藍色背包。不過前一天吃晚餐時，他並沒有帶著那個背包。他當時穿得很帥氣，西裝配上黑色大衣。當我在電話中和潔西提起這件事時，才發現我原來先前就注意到他的背包了。

「北加州的每個男人都有一個背包，」潔西說，「快去公園吧。」

我牽著甜甜出發。在秋意深濃的星期天，公園就和平常一樣，到處都是形形色色、不同年齡層的人，人們的談話喧囂聲隨風飄揚，放眼望去多是孩子和狗兒在漫步奔跑。有個傢伙每個週末都會拖著他的小型平臺鋼琴（他到底怎麼辦到的？）在這裡演奏。我繞著公園走，最後終於遠遠地看到彼得在噴泉那裡尋找我。我向他揮揮手，他朝著我一笑，不過馬上就讀出我臉上的焦慮。我看到他溫暖的微笑消失了。

我們坐在長椅上談話，而且是認真的談話。我們幾乎忘卻了周遭的喧囂與混亂，嚴肅地討論著。我們談到在這年齡要進行如此劇烈且重大的改變，將帶來什麼影響。在死亡即將來敲門的人生階段，在我們伸出手就可以碰觸到死亡的此刻，這樣的改變所代表的意義為何。

我透露了一些我的身體狀況——我的骨髓裡有不正常的細胞，此刻無害，也可能繼續保持原狀，而且醫生已經持續追蹤七年了。我在電話裡已經跟他說過了，但我此刻又跟他提了一次。我們都不需要再次經歷已經承受過的痛苦，也就是喪偶之痛。我說：「如果我病了，你完全有權離開我。」

我說這句話不是真心的，應該說，我在開玩笑——我總愛在討論嚴肅事情時開點玩笑。然而，彼得說：「我絕對不會離開你。」

就是這句話，完全突顯出我倆截然不同的特質：我試著故作輕鬆地搞笑，以轉移我的恐懼；彼得則是正經八百地嚴肅以對。「我絕對不會離開你。」

我被他一絲不茍的態度嚇了一跳。他斬釘截鐵地下了結論，這就是他的個性。**我絕對不會離開你**。當時，我還不是很了解他說這話的意思，不過如今回想起種種經歷，他顯然是個言行一致的人。

既然把事情都談開了，我也直言不諱地告訴他，這一切對我而言太難以消化。要和他共度三天，我怕我承受不了，也不希望自己「被困住」。說「被困住」或許有點誇大，但我們還需要更認識彼此，我也需要把腳步放慢些。他說：「要不然我們就今天約會吧？明天我會去布魯克林拜訪我朋友。」

我後來逐漸了解到，彼得總是把我說的話聽進去，而且從來不會要求我不該抱持某種感受。也是因為如此，當我表達出我的焦慮，而他說沒關係時，我立刻就放鬆下來了。我們悠閒地漫步，就這麼一路走到莫頓街（Morton Street）的碼頭區。彼得牽著甜甜的繫繩，連我的狗都覺得他迷人。我們往水面眺望，看著拖船緩慢地逆流而上。彼得在我身後貼著我，用雙臂環抱我的腰。

回程，我們在一間義大利餐館用餐；多年來，彼得只要造訪紐約，一定會來這裡。飯後我們回到我的公寓，把那天其餘的時間都拿來在床上廝磨纏綿。

隔天下午，十一月十四日，我給彼得：

彼得，

你應該正在前往機場的路上吧。

海瑟正在生產，所以我好興奮。

這麼說好像很奇怪，但我都還沒向你道謝呢。我想謝謝你來到紐約，帶我出去。

謝謝你如此體貼、善解人意且充滿樂趣。謝謝你給我空間喘息又讓我屏氣懾息。謝謝你的手、你的心，以及你的一切。

D.

彼得給我：

D——

我想念你，同時又為我們之間在短時間內所發生的一切感恩不已，這讓我即使在思念中也覺得滿足。

請好好呼吸，別被困住了。

先說再見囉！

P

海瑟和奧利弗生了一個俊俏的小男嬰，洛文。我應該算是他的教母吧。就創作上來說，過去這年我過得很好。我的小說《錫拉庫薩》在七月上市，不僅短暫登上《紐約時報》的暢銷書排行榜，也在雜誌的年度回顧中榜上有名。

• • •

接下來的三個月，我和彼得陷入熱戀。我去找他，並且待了五天。這實在是久得不像話。但我告訴他：「如果情況變得不妙，我會搬去住旅館。」結果我們處得很好。彼得每天都會進辦公室看病人，我則留在他那擁有紅杉綠蔭的一房公寓裡，利用上午的時間寫作。午餐時間，我會循著一條陡峭的小徑走到街上，然後再漫步十分鐘到米爾谷——這小鎮給我的感覺，很像位於加拿大對面的東漢普頓。我是說，這是個高級商店林立的富裕小鎮，但乍看之下其實很樸素。小鎮中心有間小餐館，它的蛤蜊巧達濃湯和卡布奇諾都好喝極了。

彼得還帶我去他最喜歡的地方：可以賞鯨的雷斯岬（Point Reyes），從米爾谷往北開一個小時即可抵達。從米爾谷往南開一個小時則是蒙特里（Monterey），我們在那遇上最可怕的大塞車。那裡的交通一向很糟，大家會討論，你是否能在這個小時內通過海灣大橋（Bay Bridge）？你有辦法在下一個鐘頭開上金門大橋（Golden Gate Bridge）往南走嗎？

我在那裡見了兩名好友。艾麗斯是我的高中好友，她從柏克萊（Berkeley）的住處開車來找我。既然她認識彼得——其實也可說是不認識，不過她的確知道他是誰——而且也是名心理師，所以他們算是同行了（至少我認為她是仗恃著這幾個理由），以至於她覺得自己有資格叫彼得最好對我好一點。說真的，我實在不敢相信她會說出這種話，而且還一邊用手指戳著彼得的胸膛。我覺得我絕對有能力照顧好自己，例如我可以自己搭著Uber去舊金山和梅芮蒂思吃午餐。

過去曾經有很長一段時間，我和梅芮蒂思的關係不怎麼好，甚至完全不聯絡。然而在諾拉過世後的那個早晨，她打了一通電話給我，我們之間的心結便在那一瞬間完全化解了。我記得當時我坐在床上，覺得麻木；電話響了起來，是梅芮蒂思。就這樣，我們又成了親密無間的好朋友。我不知道當初我們為什麼互不聯絡，我現在連想都不敢想。她來自新墨西哥——一個屬於荒漠與穹蒼的女人——光芒四射，散發著優雅和魅力，而且她的笑聲極具感染力，男人很難不愛上她。不只如此，她的思路明快清晰，在醫學專業上博學多聞，對這領域充滿熱忱、也相當有判斷力。身為電視節目製作人和報紙及雜誌編輯，她經手過數百件醫學和科學作品。由於她自己也有一些健康上的問題，所以她對病人處境的理解，就像她對科學一樣熟捻。在醫療問題上，她永遠是我徵詢意見的第一人選。她想念紐約想瘋了，總是在掙扎著要不要搬回去，所以她每隔幾個月就會飛到東岸住一陣子。

現在，我或許每隔一陣子就會飛來西岸看她了。她對舊金山的烘焙名店瞭若指掌，所以我吃到了一片極為美味的薑餅。我愛薑餅。我心想，**這應該行得通吧**。噢，不只是與彼得的關係。我的意思是，北加州將會是我紐約生活很不錯的替代選項。朋友們都向我保證，這裡很適合我，因為我已經變得「太」紐約了。

彼得跟我說了更多當初決定要打電話給我的始末。他說，自從他藉由那篇關於威瑞森電信的文章得知我丈夫去世的消息後，這想法就一直在他心裡發酵。不過，直到他第二次去大峽谷健行時，他都還無法真正下定決心。他和朋友吉米要挑戰一天之內走到峽谷底部再爬上來，這是一趟極為艱辛的路程，他眼裡只有接下來要克服的岩石，心中只想著是否能在天黑前離開峽谷，完全無暇去思考別的事情。然而他說，在他完成這趟旅程之後，思路也變得清晰起來，就在他循著荒無人煙的沙漠小徑開車前往圖森（Tucson）

並享受眼前的風景時，他決定了幾件事：他會試著聯絡我，但如果我和他沒有結果的話，他會在兩年後退休時，按照他的退休計畫，買一輛露營車在美國西南部四處遨遊。

我還和彼得的兒子拿弗他利、他的兒媳艾莉森，以及他的孫女伊德拉碰了面，我們在彼得的廚房裡吃著中國餐館的外帶餐點。拿弗他利是一名製片人；艾莉森則是演員暨劇場導演，同時也是戲劇老師。艾莉森格外地熱情溫暖，她是個美麗的紅髮女郎，在中西部的農場長大，對紐約的熱愛不亞於我。拿弗他利高大嚴肅，喜歡主導，就像大部分的導演一樣。他們對我很好奇，我則是相當緊張。在他們離開前，拿弗他利問我是否喜歡古典樂。這是個測試問題，因為彼得熱愛古典樂和歌劇。我沒有不喜歡古典樂，但除了著名的莫札特和韋瓦第協奏曲，在其他方面我絕對是無知的。我沒有說，**不喜歡，我只聽音樂劇的曲子**，畢竟這麼說也太可悲了——我指我和音樂的關係，而且如此回答實在是個很嚴重的缺點。於是我說：「不算喜歡，但我很樂意多了解。」

彼得的女兒米莉娜是公立學校的老師，她是一名才華洋溢的年輕女性，能說多國語言，還教導以西班牙語為母語的孩子們如何演戲。她還沒準備好要和我見面，不過沒有關係，因為我也不算真的準備好要見她。我希望我們終究會成為朋友。

我們也趁著這次機會前往洛杉磯，那是在我搬回紐約前，度過大部分成年時光的地方。我在這裡有許多朋友，傑瑞也有幾名編劇學生搬到這裡發展。有這些年輕有為的劇作家在我的生活中——他們聰明、風趣、忠誠又溫暖——是傑瑞所能給我最好的禮物之一。要把彼得介紹給他們其實很不容易，我知道他們會因此對傑瑞的離去感受更深，我也是。當我和彼得走進廚房時，我還記得菲雅——她是菲爾的七歲女兒——臉上露出非常困惑的表情。彷彿在說，**這是誰？**

我再也無法像以前那樣自在愜意了，不過沒關係。

彼得和蒂娜因著棒球而有了共同的話題。蒂娜是道奇隊的狂熱粉絲，她在二十歲那年親眼見證了山迪·柯法斯（Sandy Koufax）投出一場完全比賽。蒂娜向我解釋，棒球史上只有少數幾場完全比賽，柯法斯在九局裡，接二連三地讓每一名打者全數出局。這讓蒂娜驚訝不已，對棒球的熱愛也自此忠貞不渝。她當初其實是傑瑞的好朋友，當我搬到洛杉磯和傑瑞同住時，她出現了，而且她就是我夢寐以求、全世界最棒的姊妹淘。老實說，我可說是把她從傑瑞身邊偷走了。當時我和蒂娜都是初出茅廬的編劇，如今我們都是小說家了。我們兩人一見如故，若我有任何問題——不論是寫作、業務還是私人問題——我都會打電話給蒂娜，而且我們一週至少會講一小時的電話，討論生活中的大小事。

在我看來，每個人都喜歡彼得。他們怎麼可能不喜歡他呢？他為人和善，眼光獨到，對他人感興趣——天知道這是多麼棒的天賦啊，我實在太快樂了。

我試著不去理會我的罪惡感。我所有的朋友都說：「傑瑞對此會很開心的。」真的，每個人都向我保證，傑瑞絕對會對此高興不已。這當然是他們的一片善意。若傑瑞在我死後找到他愛的人，我一定會很高興的。但是性愛呢？他也會為此感到開心嗎？而且我實在很抱歉，竟然還提起性愛這檔事，畢竟沒人想要聽兩個七十二歲老人的性生活。我知道在電影裡，如果有兩個七十二歲的老人親吻彼此，你會希望攝影機的鏡頭拉遠，例如隔著一條街或從窗外取景。然而，我們對彼此的吸引力絕對是這魔幻氛圍中不可或缺的一部分。

我告訴我的婦科醫生，我遇到了一個男人。她說，她有許多病人在丈夫去世後，找到了共享親密友誼的男性。「不過我的情況比較不是如此，我們之間的吸引力很強烈。」我說。

我的鄰居米切爾和他的室友史蒂芬——他們兩人都是我的好友——問我彼得的衛生習慣如何。我跟米切爾保證，他的衛生習慣很好。

能夠在古稀之年重溫青春的愛情——令人陶醉、頭暈目眩、興奮不已——我很清楚每分每秒都是莫大的恩典。然而與此同時，我心中卻有某種潛藏的感受——彼得告訴我，榮格學派稱之為陰影。

在遇見彼得之後的幾週，我寄了封電子郵件給羅伯茲醫生：

嗨，蓋兒，

我似乎愛上某人了，這一切實在太神奇了。

（對方是心理分析學家，一個好到不可思議的人。）

我告訴他，我和諾拉在基因上完全吻合，而且我每六個月都要接受檢測，看看是否患上了她的疾病。

這樣說誠實正確嗎？

我沒有生病，而且目前也沒有生病的跡象，對吧？

我得對他據實以告。

我發現我在寫這封信時，心中極為忐忑。

迪麗亞

羅伯茲醫生回覆我：

真是個好消息，恭喜你。你和諾拉在骨髓移植上「吻合」的事實，不代表你在基因上有罹患骨髓增生不良症候群的風險，這疾病的家族遺傳機率很低。所以，你不需要暗示他，你未來一定會得這個病。然而，既然我們檢查發現你的骨髓不算完全正常，而且你的血球體積較大，所以我們需要每六個月為你進行檢查。你沒有生病，而且也沒有生病的風險——這絕對是正確的。

我不知道我那天為什麼要寫這封信給她。我打從一開始就將自己的情況告知彼得了，不過誠如我說過的，我心中有個陰影。

• • •

二〇一六年耶誕節，迪麗亞給彼得：

耶誕快樂，我最親愛的彼得。
我躺在床上讀書、吃東西，大部分的時間都在渴想你。
上一刻剛覺得自己竟如此幸運，下一刻馬上心頭一震，這麼說真是太危險了，
好怕自己是烏鴉嘴。
不過這是不可能的。命運（靈魂伴侶？）會保護我們嗎？
希望我永遠都有新的方式來說我愛你。你的D。

彼得給迪麗亞：
我在有史以來最動人的耶誕問候／禮物（就是你）中屏息、癱軟、渴望。
沒有烏鴉嘴這回事，所以我們不需要命運。
命運（和我們）只會不斷提醒我們，我們願意賭上一切。
愛你＋＋＋＋＋你的彼得。

我們計劃了一趟耶誕節後的旅行。在丹佛碰面後，我們一路向南，整整六天都擠在同一台車子裡，並且在大峽谷的旅館裡慶祝新年。當時天寒地凍，地面全是滑溜溜的冰，彼得緊緊地牽著我，小心翼翼地沿著小徑走到峽谷邊。美麗蒼茫的世界映入眼簾，此刻就在我們腳下。

第三部　插曲
Interlude 2017

一月和二月的時候，我們就這麼東西岸來回地飛。我現在比較了解彼得了，例如他有多愛擬定計畫又更改計畫，還有，他對有聲書極為癡迷，以及他總是樂意幫忙每一件大小事。若我在晚上十點想吃某種食物，即使要走四條街才買得到，他依然會馬上出門買給我（不過這不常發生就是了）。我們都是網球迷。除此之外，他還喜歡解決各種問題。

沒有看診的時候，他的打扮幾乎千篇一律：POLO衫配上黑色或藍色的寬鬆長褲。他偶爾會穿淺藍色或藍色條紋、有領子的棉質上衣，然後把袖子胡亂地捲到手肘處。

在我所認識的同輩中，他是唯一喜歡3C產品的人。他會修理我的電腦——他當然會囉——雖然他一再重申他所知不多，但他可是讀過醫學院的理工男哪。他也是手機重度使用者，他有兩支手機，一支工作用，一支作私人用途，連他的兒子都會要他放下手機別再滑了。他都叫我「寶貝娃娃」。

有時候我會把他搞瘋。例如，我問他想不想做某事，只要他遲疑了一下，我就會忍不住幫他回答，而且總是負面的：「不想？好，沒關係。」

「我沒有說不想，」他說，「我只是在思考。」他對我的負面解讀提出抗議。這倒是很常發生。我很訝異自己竟如此負面，但這絕對是事實，我總是會做最壞的打算。不知道這是否出於自小養成的習慣，一心想要逃避父母的批評？雖然我試著改正這個累積了六十幾年的習慣，但我還是先把醜話說在前頭，要他別對此太樂觀。

彼得是個絕佳的聽眾，畢竟這就是他所受的訓練。打從我們一開始陷入熱戀，我就警告他，我很容易心不在焉，尤其是我在寫作時。「即使我人在這裡，我滿腦子都還是想著我寫的東西。」我告訴他。「我就是有辦法對別人的話充耳不聞，我真的做得到喔。這會把你搞瘋的。」果然不出我所料。

其實我也曾把傑瑞逼瘋過，不過我沒跟彼得說。

• • •

二月的時候，茱莉亞的狗「豆豆」走失了。豆豆的品種主要是邊境牧羊犬，個性很親人，但在理查和茱莉亞收留她住在他們的威爾斯樂園之前，過往的經歷讓她的個性有點焦躁。理查和茱莉亞週末出門時，把豆豆寄放在朋友家，而她就這麼一溜煙跑出朋友家的大門，頓時不見蹤影。他們在威河谷地（Wye Valley）和蒙茅斯（Monmouth）一帶四處搜索，豆豆的照片被張貼在樹幹和路燈上，連無人機都出動了——你沒看錯，就是無人機。甚至連當地的獵人也加入搜索的行列，還有許多人騎著馬、開著車在找她。若要說每個人都在擔心她，那可是一點都不誇張。豆豆走失的第三天，茱莉亞聽說有人在拉格蘭城堡（Raglan Castle）看到她，那是一座在十四公里外的中世紀城堡。茱莉亞連忙趕到那裡，果然看到了豆豆。當時茱莉亞距她不過兩公尺遠，但豆豆卻看似害怕、依依不捨地逃跑了。

他們聯絡了馴狗師，對方研判，是恐懼讓豆豆「野化」了。

豆豆跑走七天後，茱莉亞幾乎要放棄了，但她又聽說有人看到豆豆在小峽谷的溪流旁。茱莉亞的妹妹卡洛琳率先抵達了那裡，她按照馴狗師的指示，將一塊毯子蓋在自己頭上，手裡拿著一塊西班牙香腸放在身後。豆豆悄悄走近，把香腸吃掉了。當茱莉亞趕到現場、出現在山丘上時，豆豆一看見她，竟仰起頭來像狼一樣開始嚎叫。

「野化」的意思是「回到未經馴服的狀態」或「看似未馴服的狀態」。自從這種事也發生在我身上後，我便常常想到這故事。

• • •

我忙碌地安排著春天和夏天的各種計畫。我希望我們能夠在五月的時候拜訪理查、茱莉亞和豆豆。《錫拉庫薩》在英國上市了，所以我也受邀至英國參加幾個書展。六月時，我需要在美國為該書的平裝版上市進行巡迴宣傳。四月則是飛到休士頓在榮格研討會上演講，主題是「穿越人生中的荒謬、執著與困境」。有太多可期待的事情了。

．．．

二〇一七年三月十三日，也是彼得妻子的忌日。

彼得給迪麗亞：

迪麗亞，我的甜心——

今天是維吉妮亞的忌日，這讓我也不斷想到傑瑞與諾拉的死亡。然而，當我想到我們得以在有生之年相識相伴，一股刻骨銘心的感恩之情便油然而生。

全心愛妳。

你的

P

迪麗亞給彼得：

我們能擁有這段時光，是何其幸運。

不過這更像是命運，不只是運氣。

有時候，我甚至難以接受命運竟對我如此溫柔。

然而，這是我生命中的「任務」——用這個詞有點奇怪，但我的意思是，我們有義務去珍惜與每一個人的連結——儘管是義務，但其實是喜樂的。

我們很難理解所愛之人的離世對我們的影響有多深，畢竟這實在是一個全新的領域。

真希望我們現在可以躺在沙發上。

・・・

我也全心愛你，D

三月九號，星期四，這天是我和羅伯茲醫生約好的每六個月一次的檢查日。檢查前兩天，我發現我的小腿後方有兩處黑藍色的紋路。我從諾拉的經驗得知，黑藍色紋路可能不是什麼好事。我把它們拍了下來，並且把照片寄給羅伯茲醫生。她叫我不要擔心。

二〇一七年三月九日，星期四，我寫信給羅伯茲醫生：

等等要去抽血檢查了。我今天可以吃速達菲（Sudafed）或克敏能（Claritin）嗎？最近一直有過敏症狀。

羅伯茲醫生回覆我：

可以，沒問題。

第四部　靈藥
CPX-351

威爾．康奈爾醫學院的血液疾病中心位於史塔爾大樓（Starr Pavilion）的三樓，它的入口在七十街上，介於約克大道（York Avenue）和東河（East River）之間。多虧新開通的Q線地鐵，讓我可以搭著地鐵沿著第二大道前進。我在六十九街的地鐵出口下車，走過兩個半街區，抵達七十街後再搭著擁擠的小電梯上到三樓。

電梯雖然狹小，接待區倒是非常寬敞。報到後，我便坐下等待。我每六個月就來報到一次，已經持續八年了。我每次總會偷偷觀察身邊這些等著看醫生的人，他們來自不同的年齡層與族裔，有些穿著得體，有些甚至衣衫不整，就好像這世界的縮影。每個人罹患癌症的機率都是一樣的，這我早就知道了，真正意識到自己是這世界的一分子，未嘗不是一件好事——儘管這不是我想身處的世界。事實上，每一次我來到這裡的時候，都再三告訴自己，我不是「他們的一分子」。

每一次報到時，櫃檯人員總會問我是否有人工血管或靜脈導管。我不太清楚它們是什麼東西，也不知道靜脈導管其實就是「周邊置入中心靜脈導管」（PICC），所以我一率回答「沒有」。

我和其他幾個病人同時被叫到名字，要我們去抽血。

我要先聲明，我是那種幾乎不去了解自身醫療狀況的人。儘管我一天到晚上Google

查資料，但我從來沒有查過何謂「骨髓增生不良症候群」或「急性骨髓性白血病」。若你要我描述何謂白血病，我大概會說：「你的血液會變得很怪，總之，這跟白血球有關。」我還留著我姊姊和我討論病情的電子郵件——而且是相當深入的討論——信裡會出現像「芽細胞」和「細胞遺傳學」等字眼。我可以從信中明顯的上下文，大概猜測這些字代表壞消息、重要的資訊，或者兩者皆是。但我實在太容易恐慌了，很可能會誤解它們的意思，所以我總是刻意不求甚解。

就在這一天，除了我對疾病抱持的態度以外，我人生中其餘的一切，都將天翻地覆。

我被叫到一個小小的診間見醫生。

羅伯茲醫生的助理伊夫尼向我介紹自己後，便在桌子後坐了下來。這麼多年來，我從沒見過她的助理。我說：「我每隔六個月都會來做抽血檢查，我的血球數一向正常。」

他盯著電腦螢幕上我的抽血結果，語帶遲疑地說：「它們並不正常。」

「什麼？」

就在他仔細研讀電腦上的數據時，羅伯茲醫生進來了。他起身讓她坐下看螢幕。

「不正常嗎？」我說。

我不記得她確切是怎麼說的，我甚至不確定自己有沒有聽對，但她的意思大概是：

我需要在一個星期後回來。不一會兒，其他檢驗結果也陸續進來了，毫無疑問：我得了白血病。我不記得她有告訴我，我只記得自己突然間就得知了。

她說，我必須馬上進行骨髓切片檢查。

在他們安排房間進行檢查的同時，我趁彼得看病人的空檔打給他。他說：「哈囉。」我說：「我得了白血病。」

「我們會挺過去的。」彼得說。

做完切片檢查之後，我在走去地鐵站的路上，打電話把這消息告知我那名優秀的醫生好友喬恩。我也打電話給我的內科醫生，她表示檢查有可能會出錯，所以她要我明天去她辦公室再做一次血液檢查。隨後，我又再一次趁彼得看病的空檔打給他。他決定今天半夜搭飛機來紐約。

回到家後，我又跟彼得通了一次電話。我們講好，明天早晨他抵達紐約後，我會叫車去機場接他，然後請司機待命，晚點再載我們去我的內科醫生診所。

我必須要說，在我寫下這些文字的此刻，我有意識到錢的問題，例如叫車去機場接彼得，然後再請司機待命幾小時，這些都需要錢。我這輩子雖然不至於賺很多錢，但也夠用了。我知道自己是幸運的，由於我有錢，還有編劇工會的醫療保險和老人醫療保險，所以我的每一步都能因此輕鬆一些。

當我一次又一次地將這個消息告知其他人時，它也逐漸在我腦海中成為現實。我忘記我還打給了誰，不過一定有蒂娜、茱莉亞和潔西。當我沒有向人重述這件事時，我覺得時間既漫長又空虛。

寫給梅芮蒂思的電子郵件：

主旨：很抱歉我得用電子郵件通知你

醫生們相當肯定我得了白血病。你知道的，反正我就是按時去做血液檢查，然後得知了這個可怕的結果。

這星期二我要去看最後的報告，而且他們告訴我，我應該得直接住院了。

愛你的
D

我去敲米切爾和史蒂芬的門。他們搬進這棟公寓的時間比我和傑瑞晚一些。米切爾在時尚界工作，史蒂芬則是室內設計師。有一次，他們發現我的書桌就放在我們的臥室裡，因為我並沒有自己的工作室，只有一個塞滿檔案夾的小小空間。於是史蒂芬說：「我來幫你打造一個辦公空間。」他們馬上開始動工，讓我在短時間內擁有了美麗的書桌和書架。他們還在周圍設計了佈告板，供我釘上研究所需的圖片。米切爾甚至負責監督了整個安裝過程。我求他們讓我支付設計和監工費用，結果在米切爾的堅持下，我只能白白接受他們的好意。「不求回報的付出，才是唯一的付出之道。」他說。當然，這句話絕對沒錯，不過我之前倒是從沒想過。

確切來說，要接受米切爾和史蒂芬的善意其實並不難，不過卻有一種說不上來的奇異感，甚至是一種極度幸福的感覺。

感謝老天，這些天使就住在我隔壁。感謝老天，他們在家。米切爾抱抱我，邀請我待在他們家和他們共進晚餐。我們天南地北地聊——我們的家人，我們生命中的每一場災難和每一份喜悅。我的診斷結果打開了我們的話匣子。

隔天早上，彼得來了。他張開雙臂環抱著我，而我只想把頭埋在他的懷裡，永遠不要離開。

那天下午，我又做了一次血液檢查，結果還是一樣：真真確確的白血病。我寫信給羅伯茲醫生，表示我的手臂也出現了黑藍色的紋路，這病一定在惡化。她說，她星期六看到骨髓切片結果時，會再打電話給我。

她打電話來時，我正坐在臥室的沙發上。當人接到噩耗時，總是會記得這種不具特別意義的瑣碎小事。她確認了這個事實：我得了急性骨髓性白血病。她告訴我，這種病在不同的人身上會有不同的症狀，而我的症狀和諾拉不一樣。「你不是你姊姊。」她和喬恩在我耳邊一次又一次地重申，希望我相信自己的命運會和諾拉有所不同。羅伯茲醫生和喬恩常針對我的疾病進行討論（當然，他們有徵得我的同意）。羅伯茲醫生說，目前有一種新的藥物正在最後的測試階段，叫做CPX-351，她認為非常適合我。

神奇藥水。CPX-351。我沒有上Google研究它，不過它讓我心懷盼望。

我得在星期二去住院。

我用電腦列出我得取消的所有活動，例如與朋友吃飯這種小約會。還有，榮格研討會。我得給他們一個理由。我想到茱莉亞的眼疾，於是我借用了她的病名當藉口。此刻我手邊沒有任何劇本需要修改，所以可以暫時不管它們。（不過我在備忘錄上寫著「請潔西幫忙第二幕」。畢竟我得抱持著信念，相信日子還是得過下去。）我沒辦法去探望海瑟或寶寶洛文，也不知道這必須持續多久，因為我的免疫系統已經癱瘓了，所以我現在無法接觸嬰幼兒。任何感冒或流感都有可能要了我的命。

我在舊金山的朋友梅芮蒂思知道我要住院好幾個星期，醫學知識淵博的她，寄了一份住院必備物品清單給我。我的管家琳達打從很久以前就為諾拉工作，到現在仍受雇於諾拉的先生尼克，她就像我們的家人一樣。她願意為我照顧甜甜，也樂意常來醫院照顧我，她做事總是讓我很放心。我想，我和彼得還需要一張沙發床，當客人來我們家暫住或探訪時可能用得上，於是米切爾幫我訂了一張，還自告奮勇為我收貨。他還送我一整套住院服——質地柔軟的T恤、衛生衣、披肩、毛衣和襪子。

喬恩和他的妻子凱特邀請我和彼得在星期六晚上去他們家吃飯，他們是我認識最溫暖的夫妻。喬恩是個大忙人，除了有家庭和自己的私人診所要照料，他還在哥倫比亞廣播公司主持帶狀廣播節目，飛到世界各地取材、進行故事報導，同時還參與了我們的同理心計畫。但他總會在重要時刻出現，不只對我是如此，他對所有的朋友都是如此。他和凱特知道，住院前的週末總是令人焦慮不安，而我在他們家裡覺得好安全、好安慰。

這些朋友都是上帝派來的天使。

突如其來的災難讓我的生活天翻地覆，彼得也決定暫停診所的工作來陪伴我。

我身邊大概有十個人得知我的病情，他們都是我可靠的朋友，我在告知病情的同時也囑咐他們要守口如瓶。我向來不喜歡保持神祕，然而，若我生病的消息在圈子裡傳開了，人們可能會不再對我抱持希望，只會用「她姊姊死了，她也會死」的眼光看待我。羅伯茲醫生和喬恩不斷告訴我，我會沒事的。「你不是你的姊姊。」這句話彷彿祈禱文似的在我耳邊繚繞。他們不斷提醒我，我的急性骨髓性白血病在本質上與諾拉的不一樣，我的骨髓不一樣，所以我的結果也可能會不一樣。他們認為我需要相信並明白這點，所以不斷地對我耳提面命。

因此，諷刺的是，我做了與我行事風格大相徑庭的事：效法諾拉，對自己的疾病嚴加保密。

我大可針對「若我相信我不是我的姊姊，我就會存活下來」這個概念析毫剖釐。自幼，我便幾乎時時跟在她身後，仿效她的一舉一動，不過她總是跑得太快，令我望塵莫及。是寫作讓我找到了自己，因為你的作品就是你的指紋。當我開始寫作，我也開始聽見了自己的聲音、發現我自己的觀察、我的故事、我的天賦。雖然我和諾拉總是很親密，偶爾也會在工作上合作，但我很珍惜我們之間的差異，也非常愛她。然而，此刻我卻得說服自己：我不像她。這對我而言近乎背叛，但這種背叛卻能夠拯救我的命。

星期天早晨，彼得坐在廚房的餐桌旁，我正在做法式吐司。彼得說：「我們應該結婚。」

我猜他應該是聽到了自己所說的話，於是他站起來對我說：「你願意嫁給我嗎？」

「好。」我說。

後來我問他：你為什麼在那時候求婚？他說，我們都知道我們終究會結婚。當他坐在餐桌旁，想到我們即將面對的一切，就在那一刻，他意識到：對，我們應該現在就結婚。

這一點都不浪漫。我的意思是，我當時手拿著鍋鏟，對於我的診斷結果、未來幾週的治療、我的未來、我們的未來，都充滿恐懼。然而，我卻覺得「我們應該結婚」的決定再正確不過了。

星期一，我住院的前一天，我們搭著計程車到沃斯街（Worth Street）的那棟大樓——也就是紐約婚姻局——去申請結婚證書，然後再去我熟悉的古董珠寶店找榮恩，買了一只編織狀的白金戒指。

星期二，琳達陪我去辦理住院手續，彼得則飛回加州去打點診所和生活上的事情，因為他星期五回來紐約後，就再也不會離開了。

如今，我正式成了一名癌症病人，一名血癌患者，我的人生再也不是自己的了。醫院不是監獄，但你顯然得按著它的規則走。我必須先進行心臟與肺部掃描才能接受化療。我現在終於知道「周邊置入中心靜脈導管」是什麼了，因為我也有。它是一根很細的管子，插在我左上臂的血管裡。管子的另一端是我心臟附近的中央靜脈導管，好讓護理師在抽血或注射化療藥物時，不用每次都用針扎我，因為他們的確每天都要抽我的血。

第一名技術人員試著幫我安裝週邊置入中心靜脈導管時，我不停地扭動和尖叫，於是他們只好派另一名技術人員來。他動作流暢迅速，我一點都不覺得痛。我從醫院學到的眾多事情之一是：總是有人可以把工作做得更好。如果第一次進行得不順利，你可以請另一個人來試試看。在許多事情上，我喜歡熟能生巧，我總是想著：**噢，我可以把這件事跟朋友分享**。直到此刻，這部分的我仍然正常運作。我有好多層面正在骨碌碌地運轉著——原本的迪麗亞，試著掌握新的技巧；擔心害怕的迪麗亞，覺得自己可能要死了；正在熱戀中的迪麗亞。

彼得和羅伯茲醫生見面後，他對我說：「現在我們搭上了羅伯茲列車，她怎麼說，我們就怎麼做。」差不多也在這個時候，我告訴羅伯茲醫生，她不需要事事都告訴我，例如這疾病會不會繼續惡化——這些科學術語和機率不是我現在想要知道的事情。她樂於尊重我的意願。

但她可以把這些告訴彼得，因為我允許她這麼做，而且彼得是我的醫療法定代理人。我知道，即便彼得說我們要遵循羅伯茲醫生的囑咐，他仍會追蹤我的血球數和一切指數，畢竟他是醫生。我嫁給了一名醫生。

我知道我很幸運。面臨生命中最悲慘的處境，仍在想方設法地說服自己很幸運，好像有點可悲。但我的這部分仍在運作，我知道能夠早期診斷出這個疾病是件好事，而且我原本就有癌症醫生了。我可以想像，若我到現在仍在四處尋找醫生和治療方法，將會是何等慌亂啊。

羅伯茲醫生說，第一個星期我可以住在高級病房的樓層，其位於格林伯格（Greenberg）大廈的十四樓。你必須額外支付大筆金額才能住進單人病房，不過你可以訂高級食物，而且窗外的風景很好。我很熟悉這層樓，因為我有幾名朋友在這裡療養，我的姊姊也在這裡過世。接著，我會搬到十樓，「北棟十樓」，那裡是腫瘤科的大本營，羅伯茲醫生手下的護理師會來照顧我。我也知道這層樓。羅伯茲醫生答應我，她不會讓我住進諾拉當初的病房。

我和彼得告訴羅伯茲醫生，我們想在星期六結婚，於是有兩位醫院牧師來拜訪我們。雪柔·福斯（Cheryl Fox）牧師當天值班，所以她會朗讀誓言並擔任公證人。我的朋友潔西會負責主持結婚典禮。

彼得告訴他的孩子們，我們要結婚了。他們的反應令人窩心，同時對我深表同情。

我邀請了少數幾位摯友——僅限於知道我生病的人——來參加我們的婚禮，大部分是透過電子郵件，只有幾位是以電話告知。婚禮的地點就在十四樓的私人餐廳，時間定在星期六的下午兩點。

那是個晴朗的好天氣，陽光透過餐廳的窗戶溫柔地灑進室內。潔西實在很善於主持婚禮，既風趣又充滿同情心。她娓娓敘述著我們的故事，不僅提到我轉寄給她的那些電子郵件，還打趣地說我打從一開始就用電話不斷轟炸她，心煩意亂地尋求她的建議。

在喬恩為賓客所拍的照片裡——我和彼得站在大家圍成的弧形中心——每一個人都微笑著，當中有些人正試著拭去臉上的淚水。我看起來有點蒼白，一手抓著皺巴巴的面紙，另一隻手握著一束水仙花。我勾著彼得的手臂，緊緊地倚著他，而他空出來的那隻手則伸過來疊在我的手上。我穿著一件銀白色的襯衫和寬鬆長褲，腳踏有著金色鞋跟的亮紅色麂皮鞋。我的手腕上還套著醫院手環，外加一只搪瓷手鐲，那是我的鄰居米切爾和史蒂芬送我的禮物。

在儀式中，潔西引用了彼得最喜歡的榮格名言：「兩種性格的相遇，就像兩種化學物質的接觸。如果發生任何反應，兩人都將因此轉變。」

接著，潔西拿出了白色的長蠟燭。彼得點燃其中一根蠟燭，用它點燃我手中的蠟燭，潔西再藉著我點燃她自己的蠟燭，賓客們薪火相傳，直到房間裡充滿點點燭光。潔西問我們的賓客：「你們是否願意立下誓約，扶持引領迪麗亞和彼得，使他們的本性變得更美好？」每個人都同聲回答：「我願意。」

接下來就是醫院牧師雪柔．福斯的時間了。我們各自讀了誓詞，是彼得寫的。彼得的聲音聽起來鏗鏘有力。

「我——彼得，願意與你——迪麗亞——共度此生，不離不棄，愛你、珍惜你。我們不需拘泥於那些傳統誓詞，而是堅信命運使我們相遇，要讓我們在生命的洪流中創造奇蹟，而且這奇蹟將孕育出無數的奇蹟。我的迪麗亞，我好愛你。」

我的誓詞一模一樣，當然，名字互換。我的聲音聽起來既虛弱還帶著鼻音，因為我從頭哭到尾。

彼得親吻了一下戒指，然後把它套在我的手上。

我們從艾美烘焙坊（Amy's Bread）訂了我最愛的千層蛋糕——有著白色、黃色與粉紅色糖霜的巧克力蛋糕。潔西負責去拿蛋糕——蛋糕很有分量——而且由於她急著趕到會場，還得四處尋找文具店影印我們的誓詞，結果不小心摔了一跤。不知怎地，她竟有辦法讓美麗的蛋糕毫髮無傷，不過她的褲襪卻因此破了一個大洞，還好沒有人發現。醫院的主廚招待我們美味的檸檬蛋白派。我好愛這空間裡的每一個人。當時我剛完成三次治療中的第一個療程。CPX-351是紫色的，它看起來很像酷愛（Kool-Aid）水果飲料，注射時間是九十分鐘。

看著當時的照片，它們再次提醒我，彼得和我們的朋友是如何地用愛包圍我，我相信這股力量極其強大。每位婚禮賓客大概都知道我的存活率不高，但沒有一個人讓我感受到這種氛圍，房間裡反倒彌漫著盼望。

・・・

CPX的治療法是這樣的：我總共需要注射三劑，每一劑間隔兩天。希望能夠藉由這種化療方式清除我的骨髓，殺死所有細胞，尤其是所有的癌症白血球，然後只有健康的白血球會原地再生。每天早上我都需要抽血，根據抽血結果，我可能需要輸血、輸紅血球或血小板，因為它們的數量也會變得很少。此刻，我的血液狀況時時都在改變。

要將防止感染的白血球輸入人體是很困難、也很少見的。如果我發燒了，羅伯茲醫生就必須開抗生素給我，然後聽天由命了。在我少數知情的朋友們當中，任何人只要有點鼻涕，便不能來探望我。他們得在走廊上消毒雙手，在病房裡和我保持距離。脆弱的感覺很奇怪——我很難想像自己這個樣子，一個讓人得保持距離的人。事實上，這讓我覺得自己是個怪人。不過，罹患致死的癌症，本來就讓我瞬間成為「另一種人」了，不是嗎？

在治療開始後的頭十天，我覺得還行。當然，我不是真的覺得沒事，畢竟我得了白血病。護理師會定時進來量我的血壓、氧氣濃度和體溫，而且CPX也有它的副作用。某天，我才剛站起來就雙腿發軟；我連忙抓緊床欄，及時讓自己不至於完全跌在地上。許多醫護人員來幫我做檢查。到了下午，潔西和彼得也都來了。我要潔西回去休息，但她平靜地說：「我想我還是多留一會兒好了。」我才意識到，**噢，她在擔心我**。

她當然會擔心我，這我之前就知道了，但此刻不知怎地，這種感覺變得更真實了——如果有所謂的「更真實」這種事的話。**潔西很擔心，我的朋友也很擔心**。彼得開始寄發電子郵件給我的摯友和家人，更新我的近況。後來我才知道，艾麗斯當時也開始和茱莉亞及蒂娜互通郵件。她從彼得的近況報告中得知了她們兩人的電子郵件地址，於是開始互相通信表達關切並分享我的醫療狀況。多年來，她們總是從我口中聽到對方的名字——帕薩迪納的蒂娜、柏克萊的艾麗斯、威爾斯的茱莉亞。現在，她們成為朋友了。

雖然死亡近在咫尺，我倒是不記得在這段期間裡和彼得討論過死亡的議題。有天晚上，我強烈地感受到傑瑞和諾拉就在我身邊，我很擔心他們是要來帶我走的。我那晚做了好幾個惡夢——夢到我在一個危險的地方迷了路，四周都是懸崖峭壁和峽谷。我清楚記得其中一個夢：有塊巨大的岩石堵住了我的去路，不過隨後岩石稍稍裂開，一道銀色光芒從縫隙中照了進來。我跟彼得說了這個夢（榮格心理學家非常相信夢境），雖然我在夢中害怕極了，但彼得說這是一個帶著盼望的夢——那道裂縫就是我的出路。會有出路的。

我的生存與否，全看這種藥了。**羅伯茲醫生很樂觀。她相信這藥會有效。我是適合的人選。或許她說得沒錯。彼得也很樂觀，他總是很樂觀。你不是你姊姊**。每一天，每一刻，這些話總是不斷縈繞在我耳邊。

有一天早上，我正要從浴室走出來，竟突然昏倒在地。我的頭撞到了地板，短暫地失去意識。當我張開眼睛，我看見彼得俯身在我旁邊，帶著懊惱的語氣說出我腦海中此刻的想法：「我想我們得通知醫護人員。」

羅伯茲醫生說，我可能會腦出血，於是我被推去樓下的核磁共振室。感謝老天，我沒事。

我勾著彼得的手臂在走廊上散步，看我們鶼鰈情深的樣子，不時有護理師和看護人員問我們結婚多久了，以為我們大概會說，**五十年**。在我們這個年紀，能夠有如此長久的浪漫愛情，是每個人的夢想，但我們則告訴他們：三天，一週，兩週。

住院的時光很無聊——是真的很無聊。一堆人來量我的生命跡象，我也搞不清楚他們是誰；餐送來了我卻不想吃——不過同時卻一點都不無聊，因為我總是在害怕。那是一段不斷重複——也就是照表操課——卻又無法預測的時光。我不記得自己有閱讀，閱讀所需的專注力超出我能力所及，不過我們會一起看電視喜劇，例如《富家窮路》（*Schitt's Creek*）。醫院開放了一間小小的會議室讓彼得使用，好讓他可以繼續透過電話或Zoom為病人看診。我想這能夠幫助他記得自己是誰。若他無法看診，他有可能會失去自我，因為除了看診以及和兒女通電話外，他總是隨時處於警戒狀態。每天晚上，他都睡在沙發床上。

說真的，我不知道他是怎麼辦到的。我記得當初傑瑞住院的時候，我只要整天待在醫院裡，每到晚上七、八點，我就會覺得：我非得離開這裡不可，我要回家。彼得偶爾會回去我們的公寓，但他說，我所在的地方就是他的家。他之所以能夠如此，或許是因為過去醫學訓練所培養出的耐力吧，畢竟當年總是得在醫院裡過夜待命。不過我認為，大部分是出於愛，是我們愛情的新鮮感所致。

每天晚上，他都會把沙發床鋪好。我在睡著前，總會看到彼得在我正對面閱讀，等我入睡後才安心就寢。有時候，他會偷偷地溜上我的床，希望不會被護理師抓包，還好他們從來沒發現。我愛他用膀臂環繞我，感覺他緊貼著我的身體，我愛這種偷偷摸摸的荒唐。彼得是我的救生圈，也是我的避難所。

每當彼得需要休息或工作時，琳達會來陪我。琳達是我所認識最聰明、最有愛的人之一，她有著不凡的一生。她十四歲的時候，從尼加拉瓜的馬納瓜大地震中倖存了下來，當時與她一起睡覺的表親們都喪生了。房屋在地震中倒塌，她死命從瓦礫堆中爬出來，還拉著最小的堂弟一起逃生。十五歲時，她穿越了美墨邊境，來到紐約與母親團圓。她學會流利地使用英語，拉拔三個孩子長大成人，在她為諾拉和我工作的這段時間裡，成了美國公民。她後來離開我們去攻讀護理師學位，也從事護理師工作一段時間，不過最終又回到我們身邊，因為她覺得為我們工作比較快樂，我們也很開心她回來了。

在我生病期間，她就像是我的媽媽一樣。她溫暖慈愛地照顧我，還會叮囑我做事情，例如刷牙。打從我六歲之後，從來沒有人提醒過我要刷牙，但在醫院裡，你會發現連每天的例行公事都難以維持，只能陷入慵懶的絕望中。

我發現，即使我從「正常」生活中消失一個月（嚴格來說是五週），也沒有人會發現。除了偶爾回覆工作上的電子郵件或回答問題，我不記得我曾和生活圈以外的任何人聯繫。

瑪莉安是我在藍騎士出版社（Blue Rider Press）的公關，負責安排《錫拉庫薩》在六月的平裝本上市宣傳活動。我寫信告訴她，我「可能得進行某種治療」，所以為活動擬定退費機制會比較好。我真正的意思是，我可能會死。結果我的編輯焦急地寄了封電子郵件給我，強調這次的巡迴活動有多麼重要。我不能告訴任何人我病得多嚴重。這是一間小型出版社，員工大概十個人；他們彼此的關係非常緊密且和睦。《錫拉庫薩》的精裝本賣得很好，也有考慮翻拍成電影，所以我的平裝本巡迴活動對他們而言相當重要。然而，如果我偷偷告訴主編的話，他怎麼可能不告訴我的編輯呢？這件事就會一傳十、十傳百地搞得眾人皆知。如果我還有存活的機會，我可不希望就此完蛋。對他們隱瞞病情，是讓我覺得最有罪惡感的事，但除此之外，我似乎別無選擇。

我得守護我的盼望。

住院期間，保持乾淨是件大事。醫院要我用一種叫做氯己定（chlorhexidine）的強力抗菌劑清洗身體，結果我對它過敏，導致我的皮膚開始掉屑。我全身的皮膚都在掉屑，不像蛇脫皮那樣，也不是大塊地剝落，就只是不斷、不斷地掉屑。

我的手環上現在多了一道注記，表示我對這種藥物過敏。

當然，我也不能接觸鮮花。

很怪吧！可以治癒我的藥物，讓鮮花成了危險物品。鮮花到底能對我怎樣？不過就是一朵鮮花。然而這也說明了一件事：化療是一種有毒的解藥。

醫生告訴我們，若CPX有效的話，十天後，我所有的血球數量都會往下掉。羅伯茲醫生安排我去做骨髓切片檢查以了解狀況。

這段期間，我的骨髓極度脆弱，所以我也更容易被感染與出血。一如我們所預期，我被轉到了腫瘤科的樓層，諾拉就是在這裡得知所有壞消息的。當我坐在輪椅上被推到這層樓時，我心想，**拜託，不要把我放在她當初的病房。如果我在她的病房，我要怎麼相信我和我姊姊不一樣呢**？羅伯茲醫生還記得我的要求嗎？我太害怕了，甚至不敢多問。後來他們把我推進一間位於角落的舒適病房，我心中的大石在那一刻終於放下了，心裡充滿感恩。

從十四樓可以看到美麗的河景和高樓大廈。事情就是這麼奇怪，當你健康的時候，生活中那些真實的事情，會在你生病時變得更真實，例如陽光會讓你覺得好些。陽光的確讓我更快樂——晴朗的好天氣、夕陽、五十九街的大橋景觀都是。另一方面，北棟十樓卻讓我覺得灰暗，這個嚴肅正經的地方，同時也讓我覺得病得更重了。某天晚上，時間已經很晚了，我竟開始覺得心悸。彼得量了我的脈搏，發現我的心跳快得不正常。當晚值班的醫師助理被召了進來，但他們找不到醫生。彼得對此大發雷霆。我從來沒見過他生氣。他面露凶光地說：「我太太的醫生在哪裡？」我在床上看著彼得和醫師助理及護理師互相對峙，發現他是在為我爭論——意識到自己有生命危險，是一種很怪異的感覺。刻意不去了解自己病得有多重，是一種保護自己的方法——或許也是我常用的方法，導致我覺得他似乎是在為別人生氣。這種怪異的感覺，就好像我突然間意識到潔西在為我擔憂一樣，不過又更強烈了，因為這個人是彼得。

後來他們聯繫上醫生，並且讓彼得在電話中和他溝通。醫生決定幫我換新的藥，護理師也幫我接上心率監測器。如今在距離醫院很遠的某個中央監測中心，我和其他心臟衰弱病人的心跳，正被二十四小時追蹤監控著。

醫護人員隨後告訴我，我有心房顫動——也就是心跳不規律——的症狀，於是開了一種需每天服用的藥錠給我。心房顫動是治療的併發症，有可能導致血栓或中風。希望我吃了藥錠就沒事了。

彼得寫給茱莉亞和蒂娜的電子郵件：

醫生剛剛告訴我們，迪麗亞第一階段的化療得到了最佳的效果，所以我們現在在這場對抗賽中遙遙領先！羅伯茲醫生相當高興，我們也是！骨髓中的細胞已經完全被「清除」了，只有健康細胞會再生的機率很高，大約十天後，我們就會從指數知道了。

我們知道，這是我們共同（匯集？）的愛和生命能量所帶來的結果！

謝謝你們把我的妻子照顧得那麼好，也請好好保重，我們的旅程才正要開始。

愛你們的彼得

十二天後，我的血球數開始再次回升到應有的數值，而且它們還在增加中。現在的重點是，新的白血球健康嗎？

．．．

在醫院待了五週後，我出院回家時仍舊不知道這問題的答案。春天到了，七十街上有幾棵樹開始吐露芬芳，微風輕拂在臉上的感覺實在太棒了。

如今我在出門前多少會有點猶豫。在住院化療好幾週後，我上街的自信竟消散殆盡，對此感到惶惶不安。這城市總是充滿各種讓人分心的事物，但春天尤其如此，因為每個人都開始走向戶外了。我一向喜歡四月的紐約，但我現在覺得自己好脆弱，每次過馬路時總是得眼觀四面、耳聽八方。我走了兩條街去和潔西吃晚餐，自始至終都焦慮不已。不過，總是超然篤定的潔西告訴我，當她看著我朝她走來時，她心裡想的是：**她會沒事的**。

當我和彼得外出時，他總會攬著我的手臂。某天早晨，我們走進華盛頓廣場公園，沿路欣賞明亮的粉紅色櫻花和木蘭花盛開綻放。然而，不知道為什麼，彼得看起來非常緊繃。我的意思是，雖有美景當前，他卻心神不寧地四處張望。「你在看什麼？」我問。

「我在看有沒有任何人或狗會撞到你，我在保護你的安全。」他說。

他腦海中是不是浮現了兒時的創傷呢？他覺得自己救不了他的母親。雖然他人就在外面，甚至就在附近，但他並沒有保持警覺。我的天，他當時才七歲，只是在跟朋友玩耍。然而現在他左顧右盼到一個程度，彷彿脖子都要扭到了。他不要我出任何事。他告訴我：「我是你的守護犬。」

我其實沒有想要去哪裡，事實上，我甚至可以在室內度過我的餘生，但彼得建議我們可以去看歌劇。這是我的歌劇初體驗。我的血球數很正常，醫生也告訴我們，這是安全的活動。琳達認為我應該去，「這對你有好處。」她說。於是，我這輩子終於第一次踏進了大都會歌劇院。

大都會歌劇院。到那裡看歌劇是高尚優雅的紐約活動，我只在電影中看過，而且大部分是在《發暈》（*Moonstruck*）看到的。在歷經購物、化妝、做頭髮等蒙太奇拍攝手法後，雪兒（Cher）看起來風情萬種，魅力十足。她在林肯中心（Lincoln Center）的噴泉旁等待尼可拉斯·凱吉（Nicolas Cage）的到來，並在他的引領下，體驗生平第一次的歌劇之夜，享受愛情和人生。我其實不太記得電影中他們看的是哪一齣歌劇，但我記得雪兒。

我盛裝打扮，甚至還穿了裙子。劇院內部是氣派的暗紅色與金色，美麗極了。由於我尚未完全康復——歌劇可是很長的——所以我們在第一幕結束後便先行離開。這體驗就像造訪另一個國家似的，劇院裡皆是比我更有文化涵養的紐約客。彼得熱愛歌劇。羅伯茲也愛歌劇。露絲·貝德·金斯伯格（Ruth Bader Ginsburg）*也是歌劇的愛好者，我是從關於她的報導中讀到的。我希望我也愛歌劇——我很樂意再去一次，任何會讓彼得感到快樂的事，我都願意做——不過現在的我頂多只能說，我愛那些熱愛歌劇的人。

* 譯注：美國法學家，是最高法院第二位女性大法官，也是首位美國猶太裔女性大法官。

• • •

四月十五日，彼得寫給艾麗斯、蒂娜和茱莉亞：

我知道自從星期一我們出院回家後，迪麗亞仍一直和你們保持聯絡。儘管受盡折磨，但她已經逐漸恢復健康，白血球也回復正常了。迪麗亞一天比一天強壯，我們每天都會在附近走走，享受美麗的風景。她的胃口和味覺也逐漸恢復正常，總會一時興起想要吃點什麼，這是個好消息，不過她自己做的烤起司三明治仍是最美味的，同時也是我們評斷其他食物好壞的基準點。下個星期一的骨髓切片檢查極其關鍵，做完切片幾天後，我們就會得知病況是否真正得到緩解了。

對了，我們大前天去了大都會歌劇院，欣賞芮妮．弗萊明（Renée Fleming）主演的《玫瑰騎士》（*Der Rosenkavalier*）首映（別緊張，我們只看了第一幕，那真是精采絕倫的一小時十三分鐘啊）。我們還看了一點棒球，之前錯過的《富家窮路》也補齊了。我不得不說，在我們向彼此介紹自己愛好的過程中，史丹利盃曲棍球季後賽比歌劇還難推銷！

感謝你們所給予的愛、盼望和治癒能量！

愛你們的彼得（和迪麗亞）

•••

彼得所謂「極其關鍵的下一次骨髓切片檢查」終於來了，這次由娜塔莉執行，她是羅伯茲醫生的另一名助理。羅伯茲醫生有兩名助理——伊夫尼・米克勒（Evgeny Mikler）熱情溫暖，娜塔莉・特福（Natalie Tafel）則是嚴謹又迷人。相關工作人員還包括負責排定所有時程的艾琳・葛拉吉（Irene Gerahty），以及負責診所運作的米雪兒・帕特里斯（Michelle Patrice）和維吉妮亞・赫南德茲（Virginia Hernandez），她們總是給人開朗友善的感覺。我一向認為，評估醫生好壞的標準之一，就是觀察他底下為他做事的人。羅伯茲的團隊積極友善，而且他們的行徑從來不會讓人覺得羅伯茲醫生應該和病人保持距離，或者我應該要敬畏她——雖然我的確很敬畏她。

娜塔莉非常擅長執行這項恐怖的任務——骨髓切片檢查。自此之後，我都會指名她。

我閉上眼睛趴在床上，雙手放在頭上，讓彼得握著我的手安撫我。娜塔莉拍拍我的髖部，尋找適合的下針處，我也不知道是哪裡。總之，她告知我之後，便很快地注射了局部麻醉劑。我睜開眼睛看著彼得，心想他八成會化身為好奇冷靜的醫生，觀察整個過程，因為彼得讓我最震驚的事蹟之一就是：他在沒有麻醉的狀況下做過兩次大腸鏡檢查（因為他想要觀看檢查過程並自己開車回家）。

結果，他的眼睛閉得緊緊的。

儘管打了麻醉，當娜塔莉用更粗的針頭刺進我的骨頭抽出骨髓時，仍然非常痛。不知為什麼，骨髓切片檢查有時比較不痛，有時卻讓人痛不欲生，但無論如何，每個人都聞之喪膽。娜塔莉在執行每個步驟時都會敘述給我聽，還不忘為我打氣，切片檢查終於在她抽出骨髓組織後完成了。

幾天後，我和彼得忐忑不安地坐在診間，等著聽取報告。

羅伯茲醫生像陣風似地走進診間，「你的骨髓看起來棒透了！」

第五部　烏雲

Dark Clouds Part

緩解。

你絕對無法小看這個詞所代表的力量。

我和彼得馬上開始描繪與計劃我們的未來。

我們買了一張乒乓球桌。這舉動看似不合常理，不過事情是這樣的：某天，我們在散步時不經意地走進一間家具店——在曼哈頓熱愛散步就是這麼危險——結果看到了一張帥氣、斜腳的黑色乒乓球桌，它比一般的球桌稍微小一些。桌上放著兩支球拍和一顆球，我們就這麼在店裡打起球來，開心到決定買下它。為了幫它在我們的公寓裡找個位子，我們把餐桌推進客廳，然後把乒乓球桌塞進餐廳裡。這實在很可笑，但卻馬上讓公寓看起來像我們的家了。

每天早上我們一睜開眼，彼得一定會馬上用手臂環抱我，讓我依偎在他的肩膀上。這是我一天中最快樂的時刻，也是死亡離我最遠的時刻。

我總是不斷地想到死亡，有時候是刻意地思考這件事。有時，它只是腦中一閃而逝的念頭。對我來說，這是癌症緩解所帶來最令人震驚的部分——重獲新生的榮耀感，伴隨著死亡近在咫尺的極度恐懼。這份禮物隨時都有可能在剎那間消失。

生與死如此之近，並肩出現。

一般而言，CPX的緩解期是十四個月。是誰告訴我的？我忘了。一定是羅伯茲醫生。我在接收極其重大且令人焦慮的訊息時，腦袋似乎總會一片空白。我會接收到訊息，但卻不知道自己是如何得知的。而且我還會聽錯訊息，你之後就會發現了。總之，十四個月是一個平均值。或許我的緩解期會更長，而且長得多。我告訴自己，很多癌症患者的緩解期都遠超出估計值。不過，除了朋友的朋友，我還真想不到哪一個人的確如此。

彼得和梅芮蒂思都不斷向我保證，如今有很多治療急性骨髓性白血病的新藥了。如果現在的藥不管用，走在研究與治療尖端的羅伯茲醫生，一定會找到其他替代藥物。我和其他許多的癌症病人一樣——我們依賴科學的承諾而活。CPX已經在最後測試階段了，其他的藥物也將如此。

如今我必須持續進行血液檢查。對急性骨髓性白血病患者而言，緩解不代表「繼續過你的生活，每隔幾個月再回來檢查就好」。我的疾病占據了我的生活。

我每星期都必須去威爾·康奈爾醫院進行抽血檢查，有可能是一次，也可能是兩次，一切皆依我的血球數而定。我不能搭地鐵，因為那會增加我生病的風險。我喜歡地鐵——效率、速度、十足的紐約風——但現在我得把它們當作危險地區。我不能讓自己得流感，因為流感會轉變成肺炎，若遇上我現在受損的免疫系統，我鐵定完蛋。為什麼搭著計程車在快速道路上橫衝直撞，我的生存率反而會比高？我實在想不通。不過醫生怎麼說，我就怎麼做。

我在醫院裡的流程是這樣的：通常彼得會陪我去，我們從電梯出來後，先在電腦前報到，然後再去櫃檯。「你有人工血管或靜脈導管嗎？」我回答：「靜脈導管。」

我現在和大部分的病人一樣了——我們都在治療中。我不介意自己是「他們的一分子」，其他人也在掙扎求生，我們都在同一艘船上。不過當然了，我們每個人絕對都是完全孤單的個體。可能致命的疾病，就像單人牢房一樣禁錮著我們。

接下來，他們會抽我的血。有時候我的血球數過低，所以需要輸血，不論是紅血球還是血小板，這表示我得在那裡等待血液送來。有時候我會和工作人員起爭執，因為等了好幾個小時，血液都沒來。當血液送達，我通常會和彼得坐在一個由簾幕圍起的小空間裡，裡邊有舒服的椅子和一台電視。這裡有一排又一排這樣的小空間，裡面坐滿了接受靜脈注射的病人。護理師們會在此時出現，並且花上好一段時間確認相關事項——他們對彼此覆誦醫囑，確認我是本人，並且接受到正確的血液。

首先，他們給我吃卓弗蘭（Zofran），我也不知道那是什麼，反正就是讓我不會想吐的藥。輸血時，還會有非常和善的志工來關心我。有一天，我甚至得到了一床速霸陸

（Subaru）汽車送的毯子。我還遇過兩名為癌症病人提供化妝諮詢的年輕女士，她們發現我正在看《法網遊龍：特案組》（*Law & Order: SVU*），其中一人一臉不可置信地問我：「你正在看這個嗎？」我否認到底，裝作一副湊巧轉到這台的樣子。

我不知道是因為化療的緣故，還是可能致死的診斷結果，又或者是緩解本身的不確定性，甚至以上皆是，總之，我和這世界的關係改變了，我的腦袋彷彿被重重地敲了一記。我看起來應該還是和以前一樣，不過鏡子裡的我如今卻多了一絲猶疑。有人會注意到嗎？我不確定。我在生理上、心理上、情緒上都不太穩定。

一旦安全了，我馬上就去找尤金幫我洗頭。CPX神奇的地方在於，它不會讓人掉頭髮。

十二年來，我都是找尤金幫我洗頭。我就這麼跟著他，一間髮廊換過一間。我想他應該是被神靈眷顧的人，因為每次我洗完頭，總覺得自己變得更平靜了，不單是因為頭髮看起來漂亮而已——不過也可別小看頭髮造型的重要性。他很樂觀——自在放鬆的樂觀，同時帶著親切和善、應對得宜的天生氣質。我從來沒見過他心情不好的樣子。他在華盛頓特區長大，就像許多才華洋溢的人一樣，最後在紐約找到了立足之地，並且和我一樣熱愛這座城市。我是他最老的客人。我指的不是年齡，雖然這也是有可能，不過我的意思是，我跟著他的時間最久。

之所以會認識他，是因為某次我想要洗個頭，於是在附近隨便找了間髮廊並走進店裡四處張望，我就是在那時遇見他的：最酷、最高、頂著一頭髒辮的年輕黑人。

有一天，他突然想去看看世界——還好，他仍然做著他的美髮工作——於是接下來的兩年，他總是不時到世界各地短暫旅行，充滿好奇地在不同的國家探索。在這裡待幾天，在那裡待個一週；希臘、義大利、巴黎、英國、以色列、東京、阿根廷……他去過的國家多到不勝枚舉。然後，他不再四處旅行了。現在的他利用工作之餘做蛋糕，這些精心點綴且美味無比的幻想創作，簡直就是藝術品。他的客人們央求他接受訂單，但他很挑客人。主要的原因是，他還有全職的工作。我告訴他，我之前去住院了，因為我得了白血病。在我們走下髮廊的階梯，準備結帳的途中，他對我點點頭並按了按我的肩膀。我知道他聽了覺得很難過，也知道他不想讓我也跟著難過。

至於我的自然捲有多麼恐怖，而尤金又如何以無人能出其右的高超技巧讓它們乖順聽話，這些細節我就不贅述了——總之，我真的非常依賴他。我向尤金透露，我和彼得結婚了。我們還談到我和彼得是否該舉辦個派對，將我們結婚的消息，以及我患病的事情告知眾人。那將會是一場結婚喜宴。「你願意幫我做蛋糕嗎？」

「沒問題，」他說，「你想要什麼裝飾？」

「我還在想。玫瑰花是一定要的，還有一些回憶——或許是彼得的速霸陸，我們總是開著它到處旅行。或許還有大峽谷。」我天馬行空地想著。

我和尤金於公於私都是朋友。我的每一段友誼各有千秋，但這些連結對我而言都很重要。他們就像小小的家，是讓我感到安全的地方。當我細數每一段友誼，我發現我實在好愛、好愛我的朋友。

・・・

某天，我去找尤金洗頭。我在二十三街下計程車，穿過第八大道朝西走，突然間，我的雙腿一軟，它們就這麼罷工了。感謝老天，我看到眼前有根燈柱，於是馬上扶著它。我在原地等了一會兒，撐著，評估了一下狀況。我想我的腿應該沒事。於是我放開燈柱，朝著髮廊走去。

我在髮廊裡小心翼翼地前進，不知道會不會再次腿軟，所以我緊抓著扶手爬上二樓。雙腿罷工的情況越來越頻繁，有時我在家裡站著站著就腿軟了，不過大多還是發生在我下計程車的時候。既然我無法搭地鐵，所以這症狀也層出不窮。我還幫它取了個名字：計程車腿。羅伯茲醫生也找不出原因。她建議我「慢慢起身」，並且「在起身前先暫停一下。試著觀察你的心跳（你有覺得心跳加快嗎？）」我的心跳沒有加快。還有，「確保你攝取足夠的水分」。喝水成了刻不容緩的事情——我每天、每時每刻都要喝水。

我的指甲開始出現深色條紋。羅伯茲醫生說，這就和樹的年輪一樣，是一種創傷留下的痕跡。我也常常打冷顫，所以即使在室內也通常會穿著夾克或大衣。

如今，彼得只要沒有病人或有空檔，都會陪著我上髮廊。他總是心情愉悅地陪我去洗頭，在沙發上邊聽有聲書邊等我；有時候則會走到第九大道的蘇利文街烘焙坊（Sullivan Street Bakery）買好吃的冷披薩。現在，我們會一起去附近的超市買菜。若用我三十幾歲時的眼光來看，我們看起來就像當初的我眼中的退休人士。我那時充滿活力且身體強健，帶著年輕人的傲慢暗自思忖：**這兩個人除了討論是否要買冷凍菠菜以外，八成沒什麼事可做**。或許我錯了。或許她得了致命的疾病，所以他很擔心，不想要讓她獨自出門購物。或許他們剛墜入愛河，想要時時刻刻都黏在一起。或許他們就是那麼熱愛超市，醉心於其中的產品和各種可能性。或許他們只是朋友。那時的我，對於老年生活的多樣風貌一無所知。

・
・
・

我一直很想去看看中央公園西大道的那棟公寓，也就是彼得在十二歲以前所住的地方。更確切地說，我想要重新想像那改變他一生的事件。他在如此短的時間內陪著我經歷了這麼多的創傷，舊地重遊是一種對他的傷痕表達敬意的方式。

我們搭著計程車，來到中央公園西大道和一〇二街的路口。彼得說，這棟面向公園的公寓完全沒有變──一九〇二年落成的巨大建築，帶著近乎古怪的學院派風格，不論是正面還是轉角，都呈現波浪彎曲的弧狀。建築中央的拱形入口，連接著兩棟十層樓高的大型公寓。

四周好安靜。那天是個晴朗的大冷天，街道看起來和六十六年前完全一樣。少數的不同之處，大概是行道樹長得更高大了，更新款的車子首尾相連地停在路邊。彼得帶我去看當年他和朋友們下課後嬉戲的地方，當時他的母親就在附近和其他媽媽們聊天。還有她和女兒穿過兩台停在路邊的車輛空隙、走出來準備過馬路的地方。還有，他是在哪裡聽到那超現實的響亮煞車聲，以及他在哪裡看到她們躺在血泊中，就在肇事車輛的前方。

那天下午，彼得跟我說了更多細節。那天，她母親最要好的朋友貝拉帶他回家，她也住在同一棟公寓裡。她要彼得打電話給他爸爸。我試著想像，一個七歲的孩子要怎麼打電話給父親、告知這個噩耗。他的父親花了好長一段時間才過來。「你怎麼那麼久？」彼得啜泣著。

「我搭地鐵，比較快。」他爸說。

地鐵還是計程車——乍聽之下，彼得似乎在問問題，但彼得真正想說的是：**只剩我一個人**。然而，痛苦不堪的他甚至無法好好地告訴爸爸：**我好害怕**。

回顧這段往事，彼得認為，那是他第一次意識到他父親的心腸有多麼冷酷。

在這六十六年前的事發現場，不論是人行道或街道上，都看不出任何痕跡。沒有紀念碑，也沒有任何記號。事發五年後，他們搬去了辛辛那提。在此之前，彼得每天都會經過那個地點。在此之前，他仍然每天都在那裡和朋友玩耍或自己找樂子，不斷地朝公寓外牆丟著他那顆粉紅色的彈力球，以及假裝自己在播報道奇隊的比賽。

我問他，在悲劇的發生地點繼續生活與嬉戲，是什麼樣的感覺。

他思考了一會兒。「反正我也只能這樣，」他說，「這就是你面對創傷的方式。你壓抑它、將它搗平。這裡就是我的生活圈。」

彼得飛到加州短暫停留幾天。

他去看他的孩子、他們的另一半、他的孫女、他的病人，同時幫我們找一間更適合我的新住處：小小的一房一廳公寓。那是一棟五層樓的電梯大樓，就在聖拉斐爾（San Rafael）的主要街道上。後來他又去了一趟，把東西全搬過去，同時再次親自為他的病人看診。

• • •

聖拉斐爾是個可愛的小城市，從舊金山經金門大橋往北開，約莫半個小時即可抵達。這是個多元的城市，人們來自不同的族裔和社會階層。當彼得用視訊帶我認識周遭環境時，我馬上就愛上了這裡。這裡應有盡有，走路即可抵達——餐廳、著名的三明治店舖、卡布奇諾、許多洗頭的選擇、披薩、剛翻新的裝飾藝術風格電影院、考柏菲書店（Copperfield's Books，而且這裡不只賣書，還賣巧克力豆餅乾）、寵物用品店（如果甜甜和我們一道旅行的話會很方便）、運動用品店、電子產品賣場，甚至還有古董硬幣店。只要一踏出家門——它們全都近在咫尺。我把彼得帶離了他在米爾谷的紅杉林，但這裡是我們展開新生活的地方，他對此很高興。我們簽了一年的租屋合約，這是我們為未來下的賭注。

我們的新公寓最棒的一點是，距離拿弗他利、艾莉森和小伊德拉只需五分鐘的路程。我喜歡集合式公寓更勝於獨立公寓，我對城市風光的熱愛也更勝於市郊住宅區，因為我喜歡上下左右都有鄰居。透過視訊，彼得讓我從我們位於頂樓的公寓欣賞陽光下丘陵起伏的馬林郡和聖拉斐爾修道院（San Rafael Mission）。

• • •

我喜歡開車。我在比佛利山莊長大，所以就算你把我丟在洛杉磯的任何地方，我都不會迷路。但我對舊金山和馬林郡的街道、高速公路一無所知，也不打算在這裡打結的交通中衝鋒陷陣。一個適合徒步的城市，讓我有更多選擇。

這是對老化所做出的妥協，也是我因為變老而不再去做的第一件事。話說回來，我有太多不去做、永遠也不願做的事了，例如高空跳傘和急流泛舟。說真的，我一直都是個膽小鬼，晚上獨自在家總是讓我緊張，自小就是如此。然而開車可不是——這是我因為變老而不再做的第一件事。話說回來，或許也不全然是因為變老，有可能是因為害怕，我大概被自己的疾病嚇壞，也被我的痊癒嚇壞了吧。或許，是這個病把我給催老了，以至於我再也無法鼓起勇氣開車。不過，當我跟梅芮蒂思絕望地吐露心情時，我這名對醫療資訊瞭若指掌的舊金山好友溫柔地表示，勇敢的方式有很多種。我再也不像以前一樣，對事物充滿好奇、冒險之情了。病情緩解很美好，但我只是獲得暫時的避難所。更大的恐懼——癌症再次找上門——讓我心慌意亂到一個程度，我只想讓每件事盡量簡單，把風險降到最低。

彼得這幾次飛到西岸的時候，他將我們結婚和他要搬到紐約的消息陸續告知他的病人。他很樂意透過電話或Zoom（那時候幾乎沒人知道這個安全的視訊軟體）看診，他也會東西岸來回飛一陣子，但幾個月後，他將會告別舊金山和米爾谷的診所。若病人想要另尋心理治療師，他承諾，他會為他們找到屬意且接受他們保險的人選。我的癌症完全改變了我倆的生活。

彼得對此一點都不介意，也沒有感到痛苦焦慮。他本來就打算在兩年後退休，而且他也曾經改變生活方式、移居其他城市。他把他那二十本《卡爾．榮格作品集》（*Carl Jung's Collected Works*）寄來東岸，於是我們在書架上清出一個空間安頓它們，就在如今變身為彼得辦公室的沙發上方。他還在書架上放了一張可愛的裱框相片，裡頭是他的孫女。如今我們習慣在彼得的辦公室裡吃晚餐，沙發前的鋼琴椅成了我們的餐桌。彼得還製作了一份年曆，上面有美國西南部的風景、拱門國家公園（Arches National Park）、布萊斯峽谷（Bryce Canyon）等地的照片。他需要這些畫面。他愛它們。他用藍色電工膠帶把這份年曆貼在辦公室的衣櫃門上。

我們不需要、也沒有力氣去改造或重建我們的生活，光是這些改變就已經夠我們忙的了。我們已經深深地彼此連結，所以過程沒那麼重要。畢竟，死亡正在外頭敲門。

彼得很會辦事，公寓、修繕等大小事都難不倒他。他會安排旅行、訂票、預約餐廳，總是問我有沒有想做什麼、想去哪裡。你可能會認為，這真是好到令人難以置信。然而，這其實讓我很不安。當我跟傑瑞生活時，儘管用的方式很傳統，卻是我在安排我們的生活。我們都用支票付帳單，打電話預約餐廳。我會確保有人來保養空調系統，也會打點家中種種事務。我們所擁有的錢，如果需要管理的話，我就處理。然而，病情緩解或許讓我鬆了一口氣，但我卻無法因此得到平靜，我的大腦被各種焦慮的思緒所占據，導致我無法完成那些需要專注的事情，例如付帳單和留意我們的帳戶收支。而且我實在太落伍了，我甚至不知道如何使用行動支付和線上轉帳。我請彼得幫我處理這些事情，於是他很有效率地把一切都數位化了。

這大大地改變了我和這世界的關係，輕省到讓我不禁覺得飄飄然，實在是太令人愉悅了。不過這同時也讓我擔憂，若彼得出了什麼事，我就會變成無頭蒼蠅、完全失去方向。

• • •

彼得不在時，我吃了兩頓令我心神不寧的晚餐。首先是和路易莎。路易莎是一名作家，也是雜誌編輯，她住在王子街（Prince Street），就在格林威治村南邊的蘇活區（SoHo）。她出生在王子街時，那裡還是個全義大利人的社區，所以她在各方面都深受義大利文化影響。她的先生在十三年前過世了，所以她一直是我在寡居生活方面的諮詢對象。頂著白金色頭髮的她，總是把髮梢染成粉紅色或薰衣草的紫色。她總是以現金留下豐厚的小費，是個喝威士忌不加冰塊、對杯中物如數家珍的酒國英雌。而我呢，大概半杯紅酒就差不多了。今晚，我假裝我在喝酒。我點了酒，不過就只是看著它。我的內科醫生告訴我，酒精對我的骨髓不好。雖然羅伯茲醫生沒有這麼說，但內科醫生的話讓我有所顧忌。

我是透過茱莉亞認識路易莎的。她們當初因沙迦國際書展（Sharjah International Book Fair）而結緣，那是在阿拉伯聯合大公國所舉辦的一場活動。茱莉亞在那裡辦了一場講座，有人幫她把英文翻成阿拉伯語，給在場一群穿著白袍、據茱莉亞形容「看起來一頭霧水」

的男人聽。只有茱莉亞或路易莎才會去那種地方，因為她們都是愛好文學、喜愛冒險的出色旅行者。茱莉亞說：「我的天，我最要好的朋友就住在你附近。」於是我就這麼認識了路易莎。

路易莎不知道我生病了。她不知道自從我們上次共進晚餐後，我整個人、我在情感上已經截然不同了。她也不知道我結婚了。

我假裝我還是以前的我。我們聊著丈夫死後的單身生活，這把年紀的約會生活。我們聊著彼得，彷彿我只是在跟他交往而已。她還要我去買合適的內衣預備著。我們聊到她在柏林的敘利亞作家男友，他們之間總是分分合合的。當我們離開餐廳，路易莎過來勾著我的手，一起在第九街上散步，我當時驚慌失措，因為我怕她會摸到從我左臂內側突出來的靜脈導管端口。她一定會問，**這是什麼**？或者更糟的是，她會知道這是什麼。

吃完晚餐，我覺得自己很不誠實——我實在不是個好朋友，只是假裝成她的朋友罷了。

我也和麗莎和瑪麗共進晚餐。麗莎知道我病了，但瑪麗不知道。瑪麗是個才華洋溢的調查記者，總是在調查這世上所發生的每一件事——政治、社會、寫作、醫學、犯罪、金錢、著名事件、沒那麼廣為人知的事件，只要你想得到的，都在她的雷達範圍內。有時候，我並不清楚她在講哪件事或指哪個人——我不像她那麼熱衷於關注這世上的大小事——但每次和她吃完飯，我總覺得自己又長知識了。而且她為人慷慨，可說是遠勝於慷慨，每次她聽到朋友們的好消息，總是為對方開心不已。我一到紐約發展作家事業時就認識她了，這表示我們已經認識四十年了。這天，我們大部分的時間都在聊川普，但因為我一直發冷，所以從頭到尾都穿著大衣。那不是什麼厚重的大衣——畢竟當時是春天——但終究還是件大衣。我絕口不提自己生病的事，更不用說結婚的消息了。

路易莎和瑪麗都是很有愛心和同情心的人，這兩頓晚飯就像是一種背叛。我是指，一種友誼上的背叛。畢竟我很看重友誼，而友誼關乎信任。

說到這，還有我在藍騎士出版社的編輯和公關，我覺得自己也背叛了他們。他們正在規劃《錫拉庫薩》的平裝本巡迴宣傳活動，而我卻想要中止計畫。我在生理和心理上都無法負荷在各城市之間飛來飛去的行程，於是我取消了第一階段的巡迴，也就是東岸的部分。我的編輯寫信來請我重新考慮。我也取消了《錫拉庫薩》在英國上市的宣傳活動。我本來要參與當地相關慶祝活動的。我怎能不給任何解釋，就取消這些宣傳活動呢？

這種雙面人生——我實在為此感到相當困擾。許多生病的人會隱瞞自己的病情，這沒有對或錯，而是一種個人選擇，不容別人置喙。但我卻在這種處境中覺得很孤單。

我打算跟羅伯茲醫生討論這個問題。

我一進診間，她已經坐在辦公桌旁了。她向我說明我的「鞏固性治療」——也就是第二階段的CPX，這次只需要兩劑而不是三劑，目的在於鏟除所有殘存的惡性細胞，也就是微量殘存疾病。就這麼突然被告知的感覺很奇怪。我完全不知道我還有另一階段的治療。如果我當初有仔細閱讀治療內容，或許就會知道了吧。**噢，鞏固性治療？這是為了鞏固第一階段的結果**。好吧。我會從四月二十四日開始門診治療，大約在十到十四天後，當我的白血球數量開始往下掉時，我就會需要住院。

然後羅伯茲醫生告訴我，CPX正在申請核准的最後階段。不過她說，美國食品藥物管理局（FDA）很難預測，相較於新的白血病藥物，它似乎對新的乳癌藥物比較友善。雖然羅伯茲醫生沒有直說，但乳癌似乎是「很酷」的癌症。她也問我是否願意將自己的經歷寫出來。「我們需要為急性骨髓性白血病的病人發聲，就像乳癌或攝護腺癌一樣。」

我樂意之至。身為病人，你有什麼機會可以回饋醫生呢？畢竟病人總是居於被動的角色。若我可以寫點什麼，我便有機會對羅伯茲醫生、為其他白血病患者有所貢獻，為這種救人性命的藥物付出綿薄之力。我會寫一篇文章，希望可以登上《紐約時報》的專欄。

我馬上就意識到，發表這篇文章同時也能夠解決我的問題：我可以讓大家知道我的診斷結果和結婚的消息。我可以用我的方式，同時告知我所有的朋友和工作夥伴。

我不是我姊姊。在我認真思考透過報紙將自己的疾病公諸於世的同時，我才充分意識到這件事實，因為這是諾拉絕對不會做的事。

至於要如何下筆，我倒是有個想法，並且逐漸在我腦海中成形。「我成了自己筆下的浪漫喜劇女主角」。我可以把這當作引言。

文章的一開始，我打算把和彼得的奇妙重逢（我所有的朋友都知道他）當作引言，然後再逐步揭露大家所不知道的事情：我的白血病診斷結果、我們的婚禮、CPX-351這種新藥、我在住院期間的危急時刻、彼得的始終如一，以及我的身心在對抗病魔時所經歷的恐懼和懷抱的盼望。最後，則是極其美好的緩解期。

我對這篇文章極盡吹毛求疵。潔西很有耐心地幫我校稿，彼得和蒂娜也加入了審稿行列。海瑟在看完文章後，寫了一些備注給我。羅伯茲醫生則幫忙我更正所有的醫學用語。最後，《紐約時報》採用了這篇文章。

文章刊出的兩天前，我把它寄給了每一個人：朋友、家人、工作夥伴。我把文章附件放在電子郵件的群組信中寄了出去。

二〇一七年五月二十六日，我寄給每一個聯絡人的群組信：

我最親愛的家人和朋友，

我必須告訴你們我的近況。我現在沒事，奇蹟般地過得很好，我仍然寫作、旅行（即將展開我的平裝本巡迴宣傳活動），不過因為前些日子我病了，所以沒有跟你們聯絡，甚至閃躲你們、對你們保密。請原諒我。雖然這麼做有點奇怪，但我選擇寫下過去這陣子所發生的事情並寄給你們。透過電子郵件，我比較能表達我的心情。再者，我實在無法打電話給你們每一個人，這對我而言太沉重了。附件裡的文章，將會刊登在這個星期天的《紐約時報》，我實在不希望你們從報紙得知我的消息。寫作是我梳理生命中每一件事情的方法。請坐下來讀這篇文章，也請原諒我沒有更坦承，畢竟這實在太困難了。

愛你們的迪麗亞

我的文章刊登在《紐約時報》的「週日評論」（Sunday Review）專欄上的那天，我的手機在早上七點十二分時「叮」了一聲。是喬恩傳來的訊息。

「你的文章署名沒有出現在報紙上，那是刻意的嗎？」他寫道。
「什麼？他們沒把我的名字放上去？你在開玩笑吧？」我回覆他。
我把彼得叫醒。「他們沒把我的名字放在文章上。」我告訴他。
「什麼？」彼得邊說邊從床上倏地坐起身來。
不用說，我完全沒想到會發生這種事。「文章上沒有我的署名。」我很抱歉自己一再重複這句話，但我真的講個不停。這是不可能的事，除非這真的發生了。我真的、真的無法理解這是怎麼回事。我們當時住在我姊夫家，我連忙跑下樓去確認，去看看餐桌上的那份報紙。
顯然，我寄給朋友的那篇文章上有我的署名，那出自我電腦中的檔案。彼得已經告知他的病人關於這篇文章的概略版本，好讓他們不至於看到《紐約時報》才得知消息。不過在印出的報紙上，我的文章卻沒有署名。
我過去曾為《紐約時報》寫過大約十篇觀點文章，這種事從來沒有發生過。我每週都會閱讀週日評論，就我的印象，每一個作者的名字總是、總是會出現在文章旁。儘管如此，我馬上就意識到，相較於癌症得到緩解、相較於可以活著，這只是一件令人心煩的小事。
雖然這是我所寫過最私密、最深刻的文章，而且這篇文章就代表我這個人，因為我是個很看重「人」的人，但一整天下來，我仍然得不斷提醒自己，相較之下，這只是一件小事。

我寫了封電子郵件給我的編輯。她表示她「羞愧得無地自容」，完全不知道怎麼會發生這種事。幸好，我的名字有出現在網路版上。據她所述，大部分的人都是讀網路版。

這就像是一個測試，至少對我而言是如此。**你要對自己仍然活著心懷感恩，這根本沒什麼。**我極盡全力讓自己不要執著於此事，不要抱怨，選擇放手，而我應該算是做到了吧，因為親友們的關愛排山倒海而來。我收到一封又一封情感豐沛的電子郵件——充滿關愛、眼淚，以及許多祝福，祝我健康、祝我和彼得幸福快樂。瑪麗寫道：「我太開心了……當初看你穿著大衣，我早該想到的。」喬伊稱之為「可怕而美好的消息」。唐恩：「令人顫抖。」布萊恩：「我剛剛大哭了一場。」喬伊絲：「我等不及要會會彼得了。」荷普：「我愛你。」琳恩：「這是多麼勇敢、傷心又美好的故事啊。」阿萊克斯：「看著我的兩名朋友努力想要找到人生摯愛，你的郵件點燃了一絲盼望。」菲利浦：「你身邊圍繞著許多照顧你的天使。」黛安：「我愛你，我也愛彼得。他姓什麼呢？」喬恩：「彼得真是太偉大了。」梅格：「當我上網查詢蓋兒．羅伯茲時，我覺得她長得好像你的姊妹，你說是不是？」佩蒂：「喔喔喔！這故事也太多轉折了！」肯尼：「說真的，要說這是神蹟也不為過。」大家都想要認識彼得。

透過我的個人網站，我不只收到許多陌生人的祝福，也得知了他們的故事——有晚年尋得真愛的喜悅，有失落和心碎，也有對抗急性骨髓性白血病和其他血癌的親身經歷，以及我的故事如何讓他們對嶄新的愛情、對活下去產生盼望。甚至有一名卵巢癌的研究者告訴我，我的故事激勵了她，讓她決意在研究上更加努力。

無論親疏，收到這些令人欣喜的回應讓我激動不已。這一切的善意，這一切的連結，讓我覺得飄飄然，彷彿被氣球帶上天空翱翔。然而，向全世界宣告我的疾病和康復，同時也令我有點害怕，畢竟緩解不等於痊癒。我在藐視命運嗎？我將這些擔憂壓抑下來。發表這篇文章所帶來的影響是如此奇妙美好，就像中了頭獎一樣，它至少讓我在短時間內覺得自己堅不可摧。

這篇文章成了《紐約時報》讀者透過電子郵件轉發最為熱烈的文章。我有個朋友在餐廳裡聽見其他用餐者在討論它，還有人告訴我，他在蘇活區的街上聽到有人在討論它。我將我的快樂散播出去了。

羅伯茲醫生寫給我：

哇！排行榜第一名！我今天在公司裡聽到好幾個人跟我說這件事，他們都好與奮。他們很少有機會能夠直接接觸病人，而且這個快樂故事能登上《紐約時報》真是太了不起了。

CPX-351是由一間名為賽雷特（Celator）的加拿大公司研發出來的。在申請核准的最後階段，賽雷特將這種藥賣給了爵士製藥（Jazz Pharmaceuticals）這間生物製藥公司。我的文章上報兩天後，我收到了以下這封來自梅樂蒂·尼爾森（Melody Nelson）的電子郵件：

親愛的伊佛朗女士，

我讀到了您關於急性骨髓性白血病與CPX-351治療過程的文章。這讓我想起當初我和同事們圍坐在溫哥華的會議桌旁，不知道我們團隊能不能讓這藥物上市。在八種可能治療不同癌症的藥物名單上，我們的藥排名第三。過去十五年的研發過程中，我們歷經許多血汗和眼淚，但我們很感恩，如今我們終於要抵達終點線了。我有點猶豫是否該寫信給您，但同時又忍不住想讓您知道，這群我有幸稱他們為朋友、與我共同研發出CPX-351的科學家，是多麼好的一群人。他們不只優秀聰明、努力工作，也是善良、慷慨、幽默且充滿同情心的人。這種藥並非出自「大型藥廠」之手，它們通常惡名昭彰，冷酷無情且眼中只有錢。這種藥來自於一小群具有奉獻精神的團隊成員，他們謹慎地耕耘研究，希望能夠在抗癌的戰場上帶來改變。最近我常常哭，因為我想到這夢想就要實現了，但我們卻無從得知病人們的情形。當然，這是因為保密協定的關係，以至於我們不知道病人們是誰。您的文章深深地觸動了我。謝謝您分享自己的故事，也謝謝您催促食品藥物管理局加快審核的腳步——我們都認為，有更多人像您一樣，需要這種藥物；也會有更多人像您一樣，在CPX-351的治療下有良好的反應。謝謝您的勇氣和信任，願意在臨床試驗階段使用我們的藥物。我誠心希望您和家人長樂永康。

在此獻上我最真摯的祝福。

梅樂蒂

這封信是如此私密、如此明確，直接讓我和救我一命的科學家及醫生們有所連結，讓他們真實地出現在我生命中。因著這篇文章，我得以感謝他們。

・・・

這篇《紐約時報》的文章對我帶來的影響，雖然極為美好，同時也很短暫。一開始我鬆了一大口氣，因為我再也不需要假裝了，不過很快地，我又被憂慮困住了。

我又做了一次骨髓切片檢查。「這次的壞細胞比上次更少了。」羅伯茲醫生寫信告訴我。我不知道我居然還有壞細胞。我對自己的病情不甚了解，我以為我的骨髓裡已經沒有任何疾病了。我曾要求羅伯茲醫生不要告訴我太多，我也不去過問，所以她也沒有多做解釋。結果，我不僅越來越焦慮，也無法真正掌握狀況。就算我真的知道每個細節，從科學面了解自己的身體狀況，我很確定這也無法減少我的焦慮，我小題大作的能力實在是一項可怕的技能。我猜彼得應該知道我的身體狀況。

在我離開加州、踏上書籍宣傳之旅前，羅伯茲醫生開了一款名為療德妥（Rydapt）的口服化療藥物給我。

二〇一七年六月六日，我給羅伯茲醫生的信：

主旨：療德妥

藥局昨天打給我，預計今天會把藥送來，但是我沒有等到。我打電話給他們，結果他們說沒有看到我的訂單資料。

我開始歇斯底里地大哭（實際上是因為我害怕極了），現在他們預計明天早上會把藥送到（伊夫尼人真好，幫我再三確認了），但我超級恐慌，很怕它趕不及在我明天下午出門前送到。我發現我甚至不知道，你開的這種藥，是不是要我在巡迴的過程中服用？若是如此，我該吃多少？如果藥沒有及時送達的話，我會不會因為某些染色體突變而死在路上？

迪麗亞

這藥何時會抵達？我該何時服藥？我所有的相關電子郵件，內容大概都是這副樣子。而且我到底在說什麼染色體啊？羅伯茲醫生應該從未提過什麼染色體。不過羅伯茲醫生回覆我的每封信件，都讓我平靜不少。

療德妥在我即將踏上新書宣傳之旅的那天早上送達了。我把它放進行李，然後抱抱甜甜，把她交給遛狗員蘿倫照顧。

當我抵達巡迴之旅的第一站——北加州——時，怎麼說呢，我覺得自己呈現 *meshuga* 的狀態（也就是意第緒語「發瘋」的意思）。雖然我盡力按捺這股情緒，但當我與彼得的兒子碰面時，我卻因焦慮而全身僵硬。拿弗他利住在聖拉斐爾的丘陵區，你必須往下走大約二十三級木頭階梯才能進他家門。我想我八成會一路滾下階梯。我看著伊德拉這個耀眼動人的兩歲小女孩在屋裡蹦蹦跳跳的，卻不斷擔心她會把感冒傳染給我，導致我死掉。我要怎麼在這個小小的客廳裡和她保持足夠的安全距離呢？在這種情況下，我要怎麼好好認識彼得的家人呢？

我想，我也是在此時第一次和彼得的女兒米莉娜及她的伴侶麥特碰面，他們住在奧克蘭。米莉娜懷著身孕，有著烏黑亮麗的長髮和白皙的皮膚，深紅色的嘴唇展露出大大的微笑，身上還有許多刺青。她看起來就像是個美麗的龐克公主。他們是典型的北加州人——左派的純素食者。她聰明絕頂，麥特也不遑多讓（他後來很快就被選為柏克萊教師協會的主席）。在那裡，有一些我不習慣的事情，例如必須先脫鞋才能進屋（彼得每一個灣區的朋友似乎都是穿鞋進屋），但都是小事；他們都友善極了。

我在舊金山到處逛書店，還和梅芮蒂思慶祝了她的生日，在戶外的弧形泳池邊參加她與眾好友歡聚一堂的小型派對，留下了我、梅芮蒂思和她的生日蛋糕的合照。我們微笑著，歡慶如此美好的夜晚。當有事物讓我分心，我可以暫時拋下內心的恐慌，快樂片刻。我飛到洛杉磯，在比佛利山莊公共圖書館進行一場講座，除了主持人的介紹環節，其餘過程都很順利。館方從我的網站上擷取了我的介紹資訊——不過自從傑瑞過世後，我就沒有更新當中的內容了。於是主持人在介紹我時提到，我的丈夫是作家傑羅姆・凱斯，我的小狗名叫甜甜。站在講臺上，一陣悲傷的巨浪瞬時向我襲來，以至於我得花點時間重新整頓心情。他們還送了一份禮物給甜甜，是一個絨毛玩具。

講座結束後，我和菲爾與吉兒共進晚餐，在他們的陽臺上度過了一個美好的夜晚。艾力克斯也帶著他的妻子荷普加入我們。菲爾和艾力克斯都是傑瑞的學生，荷普則是我外甥女的女性密友。某次，與我情同母女的好友海瑟辦了一場派對，我帶著荷普出席，也因此促成了她與艾力克斯的姻緣。我們的世界縱橫交織，鋪陳出一張美麗的網。在我心中，他們是**很棒的家人**，也是讓你覺得被愛、很有安全感的朋友。

在洛杉磯的那個晚上，我的電話響了起來，是遛狗員蘿倫打來的。「甜甜看起來很不對勁，」她說，「她無精打采的，看起來很有問題。」我請她帶甜甜到十五街和第五大道街口那間二十四小時營業的獸醫院。

此時，大家都在吃晚餐，我掛上電話、回到席間對他們說：「甜甜狀況不對勁。」他們都知道甜甜的狀況。

十三歲的甜甜曾得過癌症。事實上，她是在二〇一四年被診斷出癌症的，就在我和傑瑞得知他的攝護腺癌復發的同一天。在傑瑞發現自己的癌症捲土重來那天，獸醫來電通知我們，甜甜得了肝癌。甜甜動了手術，進入了緩解期，不過傑瑞的緩解期卻結束了。狗的癌症、人的癌症、我的癌症。

我覺得自己是一隻逆著強風飛行的脆弱小鳥。半小時後，蘿倫又打來了。甜甜的癌症復發了，而且來勢洶洶，她的生命正在一點一滴地消逝。我和獸醫通話，她說，甜甜在二十四小時內就會死了。

我徹底慌了，腦袋完全無法思考。菲爾致電給航空公司後告訴我，還有一個半夜起飛的機位。我太害怕了，不敢回去。我實在怕得無法在半夜獨自前往機場搭機回家。我無法向他們解釋這點，也找不出任何藉口，因為我不想告訴他們：死亡在那裡等著我。畢竟連我自己都無法直視這個事實。但死亡的確在那裡。我打電話給彼得，他說他要馬上開六個小時的車來洛杉磯接我。我絞盡腦汁……卻又無法思考……怎麼會這樣呢？我開始叨唸著我需要我的電腦，我把它放在聖拉斐爾了。我怎麼能不帶電腦回紐約呢？不過這根本不是重點，是恐懼占據了我——我的癌症、傑瑞的癌症、甜甜的癌症。它們全都攪和在一起了。

我打電話給獸醫。「她撐得過兩天嗎？」我問。她不知道。

若彼得開車下來接我，然後我再去聖拉斐爾拿我的電腦，我就可以回紐約了。我就可以跟她道別了。我需要我的電腦。不過這一點都說不通呀——彼得大可今晚就把我的電腦拿過來。

我想，那天在陽臺上一起吃飯的人，八成不知道我的思緒是如此混亂，因為我一副就事論事的樣子。而且他們對於彼得要來接我感到相當訝異。雖然他們很愛我，也知道我有多愛甜甜，但他們都不是狗派，當中也沒有人養狗。沒有人知道，我在緩解期中所懷抱的恐懼，碰上了甜甜將臨的死亡，兩者擦出了什麼樣的火花。也沒有人知道，在我心中，我和甜甜、傑瑞實屬同類。

我懇求獸醫，至少讓她再活兩天。雖然我安慰自己，蘿倫從甜甜年幼時就是她的遛狗員了，她正陪著甜甜，但實際上，我卻不斷怪罪自己。現在就衝去機場飛回紐約，到底有什麼大不了的？但我就是沒辦法。

彼得在凌晨一點抵達。早上七點，我們已經驅車在往北的路上了。現在彼得來了，我的腦袋也清楚一點了，而且他總是、一直都讓我感到安心，所以我打算今晚搭半夜的飛機回到紐約。然而當我們開到聖荷西時，蘿倫打來了。甜甜沒辦法等到明天了，現在就讓她安樂死，才是對她好。

我淚流不止地哭了起來。

若你曾經失去你的狗，你會知道，那是一種五雷轟頂的感覺。然而，加上我覺得自己遺棄了她、所有的罪惡感和痛苦、她與傑瑞之間的連結、我自己的脆弱處境，我內心的小宇宙正在崩壞燃燒。就算沒有這一切外在因素，狗兒本來就是與你心心相連的動物。牠們在房間裡、地板上、你的腿上、你的床上，纏著你討點心、嚼爛你的襪子、在被單上胡亂地挖、讓你開懷大笑、跟前跟後、吃掉你留在桌子上的起司碎屑、洗完澡後開心地繞著圈子蹦跳。牠們信任你。牠們天真無邪。牠們是不帶偏見的觀察者，專注於你每一個不經意的舉動。

獸醫建議我用視訊的方式看著甜甜，這樣一來，我便可以在甜甜被安樂死的過程中陪著她。在震驚的同時，我也很感謝醫生想到這種方式。

大約一個小時後，一抵達我們的公寓，我便打電話給蘿倫。蘿倫抱著甜甜，讓我看著她。她就像一顆美麗的灰白色毛球，鑲著大大的黑色眼睛。我唱歌給她聽，一些滑稽可笑的歌。從她還小的時候，我就編了這些歌，常常唱給她聽。蘿倫說，她看得出來，甜甜聽見我的聲音了。我不知道——她真的聽到了嗎？雖然她聞不到我的味道，而且非常虛弱，但她仍直愣愣地盯著手機裡的我。我沒有看到醫生或針頭，不過她的眼神突然間就這麼失去了光彩，全身癱軟下來。

我開始啜泣，撕心裂肺地大哭。

與甜甜共享的回憶，它們是如此輕巧，卻又深觸我心。每一天，她都為我帶來絲絲喜悅。蘿倫帶她散步回來後，有時候會在浴缸裡幫她洗澡，如果適逢我踏進家門，甜甜便會奮力試圖跳出浴缸，衝出浴室來迎接我。當我們走出公寓大門時，她總是拒絕向左轉，因為寵物美容店就在那個方向——至少我認為這是她堅決不朝那兒走的原因。當菲爾和吉兒的女兒菲雅大約三歲時，她和甜甜會對彼此吠叫，或者一起四腳朝天地躺在客廳地板上。有一次，甜甜亂翻我的手提袋，找到了一個巧克力杯子蛋糕，便把包裝紙和蛋糕全都囫圇吞下。由於巧克力對狗是有毒的，所以我得馬上帶她去洗胃。洗完之後，她又是一副興高采烈的模樣。事實上，她在洗胃之前就已經是興高采烈的樣子了。我有好多張傑瑞和甜甜一起在床上睡午覺的照片。她是隻個性隨和又貼心的狗，當我坐在書桌前寫作，她會坐在我身旁，用炙熱的眼神盯著我，像是在說：我要吃點心。有時候，她會睡在我的腳邊。因為她，我才有辦法度過傑瑞死後的第一年。

她的全名是：甜甜．三色堇．矢車菊．柏妮絲．曼波．凱斯。傑瑞為她取名叫甜甜；三色堇是我最喜歡的花；我們在帶她回家的路上，經過了一片矢車菊花田；柏妮絲是傑瑞最喜歡的阿姨；曼波舞是一種很棒的舞蹈，我們也很喜歡曼波這個詞；凱斯則是傑瑞的姓氏。

甜甜——她是最後一縷連結，連接著我和傑瑞、和我們共度的人生。

二〇一七年，六月十七日，我寫給羅伯茲醫生：

我的腿又開始斷斷續續地不聽使喚了。我一直都很留意自己的水分攝取量，也喝很多水，感覺上這很重要。明天就要飛回去了。我鍾愛的狗昨天在紐約死了（我現在在舊金山），毫無預警地突然重病，過去這三天，我總是在傷心哭泣。

二〇一七年六月十七日，羅伯茲醫生寫給我：

噢不，迪麗亞，得知這個消息真的很遺憾！多麼痛苦啊！我的狗離開時，我哭了好幾個星期，我完全了解愛狗之人的那種痛楚。此刻，我比較關心的是你的心理狀態，更勝於你的身體，不過你很快就要來做全身檢查了。記得多和彼得抱抱，好嗎？G。

• • •

二〇一七年的六月底，彼得關閉了他在舊金山和米爾谷的辦公室。大約有一半的病人繼續透過Zoom或電話和他諮商，至於那些想要另覓諮商師的病人，他一一把他們安頓妥當。我則繼續在新的化療藥物中找到生活的平衡點，維持我的緩解期。

二〇一七年八月三日，美國食品藥物管理局核准了CPX-351的上市申請，它也因而有了名字：Vyxeos。

藥品的名字實在很可笑，裡面總是有一大堆的子音，彷彿是用瑞典文拼湊出來似的。或者，科學家們就只是把一堆字母往牆上丟，黏在牆上的字母就拿來當作藥名。不過，就這個藥名來說，它是有意義的。藥名的開頭原本是VI——他們告訴我，基於美感，他們把VI改成Vy（真是令人難以理解啊！）——代表當中兩種成分五比一的比例，分別是唐黴素（daunorubicin）和賽德薩（cytarabine）（這些名字也莫名其妙）。x這個字母代表固定比例（fixed ratio）。Eos則是希臘神話中的黎明女神厄俄斯。Os出自「整體存活率」（overall survival），也就是你在使用這藥物後能活多久。

希臘的黎明女神。她竟能夠被塞進這個莫名其妙的字裡，真是太可愛了。

• • •

全國上下都在為著即將出現的日食而瘋狂。大家都在找特製的眼鏡，以保護我們的眼睛免於紫外線的傷害，同時讓我們在月亮逐漸擋住太陽時，能夠安全地直視太陽。在八月二十一號那天，美國本土各處都看得到日食，不過，若你想要看到完整的日全食，你必須身處正確的地點。彼得告訴我，「完整」是這一切的重點，不能有一絲一毫的妥協。

早在我們重逢之前，他就預約了俄勒岡州東部瓦洛瓦湖（Wallowa Lake）的旅館。在瓦洛瓦湖其實看不到日全食，但它距離貝克市（Baker City）兩小時車程，那裡就是完美的觀測點了。俄勒岡州的東部盡是沙漠，這也是彼得選擇這裡的原因，因為這樣一來，幾乎不可能會有雲朵遮蔽這個大自然的奇蹟。

羅伯茲醫生對於這趟旅行不甚贊同。我的白血球數值偏低，不過她認為還算安全，所以便放行了。

彼得曾造訪過俄勒岡州東部。許多年前，他曾在男性反性別歧視全國組織（National Organization for Men Against Sexism，簡稱NOMAS）所舉辦的研討會中演講（他這一生總是站在女性這邊；每次他談及相關的事情，總是讓我起雞皮疙瘩），地點在波特蘭的路易斯克拉克大學（Lewis and Clark College）。他當初的演講題目是「女性、男性，以及公平正義的願景」，主要內容為性界線和性騷擾。「我就是老樣子，」他說，「我從舊金山往北開，穿過俄勒岡沙漠，然後再沿著哥倫比亞河峽谷（Columbia River Gorge）前進。」他中途在馬特諾瑪瀑布（Multnomah Falls）稍作歇息，站在連接兩片峭壁的懸索橋上，直視眼前從一百八十公尺高處傾瀉而下的瀑布。他說：「瀑布就像日食一樣，是大自然堅不可摧的力量。」他在雄鷹卡帕木屋（Eagle Cap Chalets）住了一晚，那是位於瓦洛瓦湖畔松林中的一棟小屋。也是在那個時候，他為這次的天文奇景預約了房間。

關於日食，以下是我覺得不可思議的地方。月亮的直徑為三千四百七十四公里，其本身不會發光。太陽的直徑為一百三十九萬一千九百八十二公里，它的光芒照亮了整個世界。就在這九十秒內，由於太陽、月亮和地球形成一直線，導致月亮接掌大局，將陽光阻絕在外。

對我來說，日食是一個逆轉勝的故事，是一個空前絕後的、以小博大的事件，是以弱勝強的巨大成就。

也是看似難如登天的壯舉。

在我認識對宇宙有著濃厚興趣、為之著迷的彼得以前，或者在人人對這即將到來的日食狂熱不已以前，我對這些事實一無所知。我會沉浸於動人的月色，但我從來不曾關注像彗星或日食這種精采又瘋狂的現象。我從沒觀察過木星和土星相合，也無法辨識銀河或獵戶座。

如今，天上的魔術秀成了我生活中的一部分，我喜歡。

在俄勒岡，日食會在早上九點零五分開始。當地球在轉動中逐漸和月亮、太陽形成一直線時，我們必須戴著自己的特製眼鏡，但到了十點十六分的日全食時刻，我們可以拿下眼鏡，因為此時我們可以安全地直視太陽。

我們飛到華盛頓州的斯波坎（Spokane），在華美達飯店（Ramada Inn）留宿一夜，然後再開車到瓦拉瓦湖的山林中，那裡有一個小小的度假城鎮，還有一些夏日小屋和一間度假旅館。城鎮裡的一切都很樸實，每件物品幾乎都是木製的。八月原本就是旅遊旺季，加上日食的熱潮，讓整個小鎮到處都是遊客和登山者。彼得和幾名森林巡守員閒聊起來，談到隔天前往貝克市的路途不知是否會塞車——他們不知道。他們是否也會前往貝克市？不，他們會留在這裡，看到百分之九十八的日食就覺得很滿足了。

隔天早上，我們六點就起床朝著貝克市出發，那是一個人口將近一萬的小城市。從雙線道的八十二號公路接至八十四號州際公路，一路上的交通頗為順暢。我們還帶了洋芋片，因為我不論到哪裡，總是點心不離身。貝克市位於大盆地（Great Basin）的最北端，往南便是一整片的荒漠，一路延伸至猶他州。此時，我們眼前的景色已截然不同，高聳的松樹不見蹤影，放眼望去大多是平原。我們下了州際公路，繞著某間麥當勞前的草皮兜圈子。草皮上擠滿了人，大家都坐在墊子上等著看日全食。

彼得說，我們不要在這個地方看日食，這裡配不上如此壯麗的景象。我們得找一個公園或草原，一個風景宜人的地方。我們在住宅區附近往來穿梭、尋尋覓覓，擔心著能不能及時找到理想的地點。最後，彼得遠遠地看到一座美式足球場，那是貝克高中。足球場旁是一片歷經頻繁使用的草地，不遠處還有洗手間。從草原望向小丘的景色實在太完美了。

許多人知道這個地點，草地上到處都是小小的帳棚。一群基督徒（約莫十歲出頭）孩子和他們的輔導唱著民謠搖滾詩歌殺時間（雖然我們離他們有一段距離，但我覺得他們的歌聲很可愛），還有幾個人已經架好了相機腳架等待著；草地上可見許多家庭、情侶、戴著牛仔帽獨自前來的傢伙，每個人都坐在折疊椅或野餐墊上。現場的氣氛很平靜，既不擁擠也不嘈雜，沒有人大聲嚷嚷，也沒有人在現場販售紀念品，大家都很有禮貌。每個人做著自己的事，與他人保持適當的距離。我們在這裡，都是為了見證月亮的作為。

我和彼得找到了合適的地點，把我們的連帽大衣鋪在草地上充當坐墊，接著便引頸期盼。

我很喜歡這些眼鏡。它們看起來很可笑，有著粗大的紙板鏡框，上面印著大小各異的黃色和橘色星球，鼻橋處還有個發著白光的日食，鏡片是黑色的。每個翹首以待的人，都戴著類似的眼鏡，我們看起來就好像某個邪教團體似的。

九點剛過不久，日食開始了。當我盯著太陽，便看到一小片黑影，就像一塊派，遮住了太陽球體。清楚。明確。令人驚奇。

透過觀測眼鏡，我完全沉浸在這場月亮吞噬太陽的精采好戲裡。接下來的一個鐘頭，這道黑影逐漸擴大，將太陽一點一滴地抹去。這段時間裡，當我們摘下眼鏡環顧四周，只見天色漸趨晦暗，草地失去了光彩，丘陵也褪了顏色，天空成了一片黯淡的藍。

所有的觀測者都靜默無聲，彷彿被這景象催眠了。

最後，就在早上十點鐘，天色完全暗了下來。我們摘下眼鏡，看著天空中的黑色球體，外緣透出美麗輕柔的白色光暈。日全食。每個人都忍不住鼓掌歡呼起來。這真是一場精采絕倫的表演，小小的月亮竟能有此成就。

我們和幾千年前的古人，能夠以同樣方式體驗到的事物並不多。當然，太陽升起又落下、花兒盛開、四季更迭、各種香氣和味道都是。但日食也是，而且早在人類明白天文學之前就有了。就在某一天，他們發現黑暗臨到他們，在本應是白天的時刻卻置身於黑夜。發生了什麼事？他們一定驚恐極了。結果，九十秒以後，世界又逐漸恢復光明了。奇蹟。

雖然將我自身的經驗與如此驚人的現象相提並論，實在有點不好意思，但我很難不覺得這與我切身相關。逆轉勝的月亮，是在比喻我之於來勢洶洶的白血病嗎？

面對可能致死的癌症，使我更加感謝生命中的每一份愛，但卻沒有讓我變得更屬靈或開始尋求信仰。不過，我的確覺得自己被推入了黑暗中，而後又獲得了一絲光明。這經驗讓我敞開心胸，去感受外面更廣大的世界。我不知道為何會如此，或許是因為，儘管我的癌症得到緩解，我卻因此感受到死亡的真實吧。我就像每個人一樣，在這世上停留一段時間，直到生命結束。

彼得說，在某些相當古老的文化裡，例如公元四千年前的美索不達米亞文化，日食被視為某事的預兆，埃及人則是對日食的發生有一些粗略的概念，不過古代世界裡大部分的人就像我一樣，無知且缺乏想像力。

看完日食，我們便一路驅車回到斯波坎。途中，我們找到一間相當美味的墨西哥捲餅店打發午餐，這讓此次旅程又更完美了。當天晚上，我們住進了北方探索賭場飯店（Northern Quest Hotel and Casino）。

辦理完入住登記，彼得上樓去我們的房間，我則到賭場晃晃。

傑瑞很喜歡玩電子撲克牌，在他身體狀況不佳的最後幾年，我們會到拉斯維加斯的永利酒店（Wynn）住個幾天，在那裡玩電子撲克牌。我們根本不需要離開酒店，酒店裡就有好幾間餐廳、水療設施，而且床單舒服得不得了（我甚至在酒店的商店裡買了一些床單帶回家用）。有時候，我們會和朋友一道開車前往位於皇后區洛克威大道（Rockaway Boulevard）、俗不可耐的雲頂世界賭場（Resorts World Casino），在那裡，傑瑞可以暫時拋開自己的疾病和憂慮。基本上，玩電子撲克牌就是把錢往水裡丟，但一局只要二十五分錢，你可以不用動腦並享受樂趣。

彼得對電子撲克機應該是連碰都不會碰的——他沒有賭博魂。我想，我之所以跑來斯波坎的賭場，是因為那是我和傑瑞共度快樂時光的地方。賭場裡擁擠、混亂又嘈雜，吆喝聲和拉霸機的聲音充斥著整個空間。我侷促不安地到處晃，想要找找看有沒有一次二十五分錢的電子撲克機。

我停在原地，思考著應該離開還是留下來，就在此時，我聽到了傑瑞的聲音：**迪麗亞**。我真的聽到了。他的聲音在空中迴盪，他在呼喚我。他並非在我身旁，但我知道他就在附近。

我連忙東張西望，在附近四處尋找，走來又走去，卻只看見陌生人在玩拉霸機。我困惑不已，不斷告訴自己：**我聽到了**。**我真的聽到了**！我上樓回到房間。

「我剛剛在賭場裡聽到傑瑞的聲音，」我告訴彼得，「他叫了我的名字。」

彼得點點頭。

我想，在聽了那麼多年病人們的生命故事後，大概沒有任何事情嚇得倒他了。「那是怎麼回事？」我問。

「聽到死去配偶的聲音是正常的，一點都不奇怪。你們以前喜歡一起來賭場，對吧？」

「好了，這位醫生。不過這到底是怎麼回事？那是他嗎？我聽到了，我真的聽到了。」

彼得搖搖頭，「我不知道這是怎麼回事，我只知道這很正常。」

正常？當傑瑞和諾拉生病時，我跑去北卡羅萊納，然後找到我的小說裡，那本支撐我度過那些艱辛歲月的小說裡所寫的東西，這也是正常的嗎？或許，傑瑞只是來跟我說：**嗨，這間賭場是充滿我們回憶的地方**。或許，傑瑞知道甜甜已經死了。這是一種奇想，對吧？但是，聽到傑瑞的聲音才叫神奇。所以，或許他在安慰我。或許他知道，當我回到紐約、打開家門時，我再也聽不到甜甜的爪子因在樓梯上狂奔而發出的聲音了。於是他在告訴我，**我們都還在**。

• • •

我們一從俄勒岡回來，我就去醫院報到，因為我必須連同療德妥，連續服用三天的特喜達（decitabine）——一天兩顆藥錠，間隔十二小時。我忠誠地服用療德妥，唯恐錯過了服用時間，會導致效果不彰。這些藥錠根本像潛水艇那麼大。我還記得，有一次我在聯合廣場西街（Union Square West）和十七街街口硬生生地吞下一顆藥。

我的化療持續著。雖然現在是緩解期，但這些額外的藥物是為了讓我維持現狀。這世上有很多醜惡的事，例如哈維．溫斯坦（Harvey Weinstein）對女性的性侵行為。而後引發的 #MeToo 運動既令人沮喪，同時也鼓舞人心。有多少工作，是因為我身為女性而失之交臂的呢？雖然我從來不會執著於這個想法，但仍不禁納悶。不過，我倒是常常想著電影產業是如何被男人與他們的利益所操控，這是再明顯不過的事。過去，我大部分的時候都與諾拉共事，這對我是一種保護，因為她是導演，而且她很強悍。然而我也明白，我需要以一個作家的身分被看見，我有屬於我自己的故事。這表示，我需要寫書。一路走來，我很高興能夠對自己的寫作生涯毫無後悔，我總是試著融合不同的寫作形式，例如長篇小說、非小說、劇本等，可以在不同的書寫類型中轉換是種幸運。在空閒時刻，我會檢視自己過去的人生，試著不要去想這疾病會如何發展。回顧我所做的決定，發現它們都是有道理、有意義的，這使我寬心不少。

我得以靠著自己的想像力養活自己，這是多麼美好啊。

日食之旅——它的魔幻之處——鼓舞了我。這是一趟冒險——坐在高中的操場上，見證世界的消失與重現。雖然毫無證據，但我卻開始相信，我的緩解期將會很長，或者至少會持續整整十四個月，直到隔年夏天。

我和彼得懷著樂觀與歡慶的心情，著手籌備我們的結婚派對。我們寄出了電子邀請卡，上面是一張我們戴著觀測眼鏡、仰望天空、等待日全食的照片。

我們的結婚慶祝派對

十月二十九日，星期天，下午兩點至五點

歡迎你加入我們

享受蛋糕、香檳和乒乓球的美好時光

尤金烤了一個無與倫比的分層蛋糕，當中有一半是巧克力色、一半是黃色，綴以朵朵白色玫瑰和翻糖裝飾，記錄著我們的愛情故事，包括收錄了〈陌生人，進來吧〉這首歌的唱片、彼得的速霸陸、大峽谷，以及日食。那天下著傾盆大雨，不過我一點都不在意，我實在太快樂了。我安排了兩種桌球錦標賽，其中一組適合比較資深的參賽者（例如能夠殺球的人；我請客人自我評估後，自行決定報名組別）。我們的公寓裡高朋滿座。彼得的朋友愛麗絲——她很快也成了我的朋友——為我們縫製了一副隔熱手套，布料上印著我倆盯著日食的照片。每次當我用這副手套端起炙熱的鍋子時，總會想起這個快樂的時刻。

我們有一大堆計畫。感恩節的時候，我們會飛去巴黎，然後再飛到威爾斯，好讓彼得能夠認識理查和茱莉亞。接下來就是耶誕節了，我們會飛回舊金山和彼得的家人團聚。

在巴黎，我們住在一間位於左岸（Left Bank）的溫馨小旅館，光是床就占了房裡大部分的空間。我們就只是在巴黎輕鬆愜意地閒晃：到處走走，在咖啡店裡一邊品嚐咖啡和酒、一邊觀察路上的巴黎人，造訪戶外市集，在市集上買一隻烤雞，然後坐在附近的長凳上把雞大卸八塊吃將起來。我們遊覽了一些喜愛的景點，例如盧森堡公園（Luxembourg Gardens），以及展開糕點巡禮。糕點巡禮是一趟長途漫步之旅——我最喜歡的路線是從第六區出發，沿著第七區的巴約訥街（Rue de Bayonne）一路前進——只要我們經過任何一間糕點店，就進去買一樣看起來最不起眼的點心：蘋果派、可頌、葡萄乾可頌、閃電泡芙、杏仁口味的東西、巧克力飲品、餅乾、任何檸檬口味的東西。最後，我們大包小包地帶著這些銷魂的甜點回到旅館，再點些茶或咖啡，好好地品嚐我們的戰利品。

我有一張彼得站在聖母橋（Pont Notre-Dame）上露出迷人微笑的照片，還有另一張是我更喜歡的：就在同一個地點，他的眼睛閉著，抿著嘴唇，正準備張開嘴巴大笑。這表情就像是他正在做最美妙的夢。在他身後的朦朧遠景是巴黎聖母院（Notre-Dame）——

有著懸吊扶壁的哥德式建築代表作，其巨大的圓形玫瑰花窗就和雪花一樣精巧細緻。

巴黎永遠都是這麼美，這讓我感到安慰。看到這些恆常不變的地方，我滿心感恩，因為我變了很多。（距此時的一年半後，聖母院遭受祝融之災。）

在我們飛往伯明罕、預計搭乘計程車穿越威爾斯邊境並朝威河谷地出發前，我憂心忡忡地寫信給羅伯茲醫生。理查和茱莉亞的孫子前一週住在他們家時得了水痘，我們都很擔心會有病毒殘留在空氣中，導致我受到感染。這是神經兮兮還是正常反應呢？我也不知道。不過羅伯茲醫生從來不認為我神經質或過度恐慌。她說，我可以放心拜訪他們。

當我們抵達時，當地的計程車司機霍華來接我們。不論我是在伯明罕、布里斯托（Bristol）還是希斯洛（Heathrow）機場，總是他來接我。威爾斯的世界給人一種溫馨舒適感。在傑瑞過世前不久，有次我把存放我所有美金和英鎊的皮包忘在蒙茅斯一間餐館的酒吧裡，那裡是距離理查和茱莉亞家最近、古色古香的小城鎮。我不知道我把皮包忘在餐廳裡了。我有可能在教會逛手工耳環市集時遺失了，也有可能是在五金行買轉接頭時搞丟，或者忘在其他地方，例如某台車上。我只知道我的皮包不見了，而且心急如焚。

那天晚上十點，理查和茱莉亞家裡的電話響了起來，是警察打來的。他說：「山上的巡警」——我完全不知道那是誰，而且我想理查和茱莉亞也不知道——「說，葛瑞森家有個從美國來的訪客，或許這皮包是她的。」那正是我的皮包，而且對方隔天就把皮包送到他們家門口，裡面的錢一分都沒少。

威河谷地是個怪誕奇異的地方，集結了各種古怪和美麗。那裡的山丘蒼翠豐盈，古老的農舍和蒼天古樹零散稀疏地點綴著這一片綠。春天時分，風鈴草會為大地換上一襲新衣。綿羊和乳牛不時在石頭矮牆邊探頭探腦。茱莉亞放養了幾隻雞，代表他們總有新鮮的雞蛋可吃。附近有幾個網球場（我從沒看過就是了），一年到頭都有人在那裡打球，有時候雲霧迷濛到一個程度，茱莉亞甚至看不見對手。當波比結婚時——波比是理查和茱莉亞的女兒——她的結婚蛋糕彷彿從童話故事中端出來似的。蛋糕出自當地的烘焙師托里之手，那是一個大約二十層海綿蛋糕和草莓奶油堆疊而成的夾心蛋糕，它就像一座山，越接近頂端越尖，同時稍微彎曲傾斜，就像一頂小精靈的帽子。它就像是《愛麗絲夢遊仙境》會出現的蛋糕，彷彿「瘋帽客」（Mad Hatter）隨時都會跳出來致賀詞似的。

他們的房子是一座古老的農舍，雖然不大，卻有著溫馨的小房間。從房裡小小的窗戶望出去，彷彿多幅細緻的風景畫。由於理查罹患帕金森氏症，如今他必須睡在樓下，也就是我通常睡的那間房間，所以我和彼得無法住在他們家。帕金森氏症是個邪惡的疾病，一點一滴地稀釋他融入這世界的能力。理查的聲音虛弱無力，步伐顫顫巍巍，但他仍然和以前一樣迷人、聰明，最重要的是，他仍然對其他人充滿好奇。雖然理查在聊天過程中會不時打盹，但我們仍然興致不減，一路暢談到深夜。他已經在家裡跌倒好幾次了，在這座主要蓋於十八世紀、但最早可追溯至十三世紀的農舍裡，狹窄的樓梯有著讓人一不小心就會失去平衡的轉彎處，若你在某些地方忘記彎腰，還會一頭撞上天花板。（我們所住的民宿距離他們家約二十分鐘車程，它的樓梯也是如此。真是太陰險了，這一定是威爾斯的古代建築特色。）農舍裡，廚房、餐廳和客廳的格局設置是如此舒適溫馨，可以輕易地被壁爐和雅家爐的溫暖所包圍。彼得從來沒見過雅家爐這個巨大的鐵製烹調發明，它的烤箱和圓形金屬爐臺終年散發著溫暖。我向他解釋爐子的運作方式，並且示範要如何將鍋子從高溫烤架換到低溫烤架，以這種方式控制火候。這過程彷彿在學習一種新語言似的。

我們坐在餐桌旁，天南地北地聊了好幾個小時，就像我和傑瑞以前一樣，而且一點都不尷尬。彼得立刻就喜歡上了理查和茱莉亞，他們慷慨好客、樂於了解人，他很快就融入了我們的友誼中。這就是他們家的神奇魔力，沒有人能夠抗拒愛與對話的強大吸引力。豆豆花了一整天終於記得我了，自此之後便不斷湊過來、要我拍拍她。

理查走起路來踉踉蹌蹌、步履蹣跚。他不論走到哪裡，都需要花上很長的一段時間——從前門到車子旁，從厚實的木製餐桌到打橋牌的小圓桌。茱莉亞會根據服藥時間設定鬧鐘，每次大家被鈴聲嚇一跳時，茱莉亞便連忙去準備理查的藥錠。天啊，疾病真是一個極大的干擾，但理查的思路仍然清晰無比。他的橋牌技巧仍然是我們四人中最出色的，他也是最敢叫牌的人，而且到最後你會發現他的策略其實很聰明。當茱莉亞和彼得去爬山時，我和理查留在家裡。理查仍然會以那令人融化的方式叫我「親愛的」，他覺得我很勇敢，願意再次墜入愛河，同時也如往常一樣鼓勵我繼續寫作。想當然爾，彼得過關了。怎麼可能不過關呢？彼得非常平易近人——總是對人充滿好奇，樂於參與，卻不追求成為焦點。而且每個人都同意，是彼得拯救了我。理查跟我聊到他最近的醫院歷險記，他必須和其他六十名病人待在同一間病房裡。我被六十這個數字嚇到了，震驚到在腦海裡一直想著它，甚至聽不進他接下來所分享的故事——他把痛苦的手術恢復過程講得像一場冒險一樣有趣。他和茱莉亞熱愛英國國家健康服務（National Health Service），每一個英國公民都可以享有免費的健康照護。我們也聊到他在上一段婚姻所生的女兒娜塔莎，這是我們最喜歡聊的話題。因為父女身處不同國度，他總是擔心在美國的她。我向他保證，她的生活可精采了。我們從不討論死亡，不是因為我們刻意迴避這個話題，只是在這裡，我們專心致志地活著。

理查和茱莉亞所住的地方離丁騰修道院（Tintern Abbey）不遠，那是一座建於十二世紀的教堂，然而，當亨利八世在十六世紀與天主教決裂時，這裡因而被摧毀、成了廢墟。教堂原址只剩下斷壁殘垣：破碎的牆垣；失去屋頂的圓柱拱門；曾經精雕細刻、讓光線傾瀉而下的彩繪玻璃窗，如今徒留空蕩蕩的穹頂；原本的地板已被叢生的雜草所取代。它遭受重挫仍昂然挺立的樣子感動了我。恐怕，我是因為感同身受吧——仍然站立，不過已傷痕累累。不僅我是如此，理查也是。我將令人讚嘆的景象——日食、古代教堂遺跡——與自身遭遇加以連結的能力，實在是有點走火入魔、近乎荒謬了，但這也證明了我是多麼執著於自己脆弱的景況。我們帶彼得去看那座教堂。

茱莉亞熱愛詩詞——應該說，我們都喜歡詩詞，但她在這方面的學識比我們更為淵博，她家的壁爐旁就放著一本華茲華斯（William Wordsworth）的詩集。她和彼得輪流朗誦華茲華斯的其中一首詩〈丁騰修道院〉。請原諒我只能依稀記得它的內容，大概是詩人對威河谷地、對大自然的愛，以及他在這裡的童年回憶，是如何地讓他……呃，保持單純、保持理性。這地方的神奇魔力——我們都感受到了。

離開時，我們說好要在隔年春天再次拜訪。

二〇一七年十一月二十九日，迪麗亞給茱莉亞和理查：

天啊，白河（Whitebrook）之旅真是太快樂、太神奇了。能夠讓彼得感受到你們家的幸福、輕鬆友好氛圍、好奇、愛、熱情和交流……以及你們所營造出來的喜樂，真的讓我覺得好快樂。在歷經過去一年的種種，我們所嚐盡的一切，以及找到和我們三人一拍即合的彼得，展開全新且美好的友誼，這是多麼美妙啊！茱莉亞，我不敢相信你居然有辦法翻山越嶺、來來回回地找尋我們，而且我現在只想到我留給你的一堆碗盤。還有神祕的洗衣事件，真高興我找回我的蕾絲內褲了。

更高興的是，彼得是如此地愛你們和威爾斯，而且他已經找到從紐約至布里斯托的航班了，只要在都柏林轉機一次即可，他覺得這個路線比較好。我真的好愛你們兩人，我們的友誼真的是我生命中最美好的事物之一。

愛你的迪麗亞

· · ·

二〇一七年十一月三十日。

我們一回到紐約，我就去做了骨髓切片檢查並來到診間聽取報告。那天，向我們說明結果的是羅伯茲醫生的助理娜塔莉。

我和彼得坐在她的對面，我們中間隔著辦公桌。我樂觀地覺得一切都很好，心中相當肯定自己沒事。娜塔莉說：「結果顯示，你的癌症提早復發了。」

「什麼？」

娜塔莉點點頭。

「癌症復發了？」

「是的，復發了。」

「羅伯茲醫生在哪裡？」我說。

娜塔莉一臉悲戚，「她在日本參加研討會。如果她在的話，就不會是我在這裡告訴你這個消息了。」

第六部　蛻變

O to A

彼得的印象不同，他記得更多醫療細節。

娜塔莉只能告訴我們，有復發的徵兆。一直到兩週後，也就是得到骨髓切片的細胞遺傳結果後——收到這些報告得花上比較久的時間——羅伯茲醫生才能確認，暫時有效的化療並無法改變我染色體異常的情況。細胞遺傳學——簡單來說，就是針對染色體所進行的科學研究——清楚告訴我，我的白血病復發了。

「治療急性骨髓性白血病就好像打地鼠一樣，」羅伯茲醫生對我們說，「你在這裡打了一隻，又有另一隻從別的地方竄出來。」

「還有其他的藥嗎？」我站起來向後退。我得逃出診間，因為我不想要聽到這個消息。

「有，」她說，「但我不認為能夠治本。」我聽得出她難以啟齒。從她說話的方式，我知道，有一天她會告訴我，一切都沒望了。雖然她為人和善、仁慈，但她終究是名醫生，必須告訴我實話，這是她的職責。「你復發的時間算是快的，只維持了八個月。」而且還是在療德妥這種化療藥物的加強治療之下。她的意思是，我的急性骨髓性白血病非常凶猛。「要『治癒』急性骨髓性白血病，唯一的辦法就是骨髓移植。」

「可是我沒有配對成功的對象，」我說。我之所以這麼說，是因為六年前我和諾拉配對成功，同時也是諾拉的唯一人選。

「我希望你去見考恩・范貝森醫師（Koen van Besien），他是我們臍帶血移植計畫的負責人。」她還說了一些其他事情，例如我會多喜歡他之類的。當我坐在診間裡，我突然想起羅伯茲醫生曾提過，她有一名骨髓移植病人出現了移植物對抗宿主反應，他向醫生抱怨，早知道他就不該聽信她的遊說。那是在我使用化療藥物成效樂觀的情況下，不經意聊到的話題。

當羅伯茲醫生提到骨髓移植時，娜塔莉正好走進診間。「這會花上你一年的時間，」娜塔莉說，「然後你就沒事了。」

「我沒有配對成功的對象。」我告訴她。

這句話，我一天要對彼得說好幾次，我還跟每一個想要知道我病況的人說。這件事，他們都已經知道了，而我之所以不斷地說，其實是說給自己聽的，以慘澹平淡的口氣把這淒涼的事實大力塞進我的腦袋裡。

關於配對：坊間有一些提供骨隨配對服務的機構，當中最有名的要屬Be the Match了，健康者可以提供自己的幹細胞給他們，以拯救罹患各種血液疾病且面臨死亡的人，例如白血病。當你向機構登記後，你會收到一個信封，裡面有一份操作說明和三支棉花棒，你必須用棉花棒來採集你的DNA——一支刮抹左邊口腔內側，一支刮抹右邊口腔內側，最後一支則刮抹上下唇的內側。接著，你把它們寄回機構，讓機構分析你DNA中的白血球抗原（human leukocyte antigen，簡稱HLA）標記，這相當關鍵。你體內大部分的細胞都含有人類白血球抗原標記，你的免疫系統藉著它們來辨識哪些細胞屬於你的身體、哪些細胞非我族類。病人和捐贈者的白血球抗原越相近越好。醫生在尋找白血球抗原配對的時候，會檢視十二個抗原點，如果十二個抗原點都相符，那就是完全配對。

你有可能在Be the Match登記，卻從來沒有接過任何一通要你去救人的電話。或者，你在一週後就接到電話了。又或者，是十年後。你可能住在葡萄牙，卻和某個住在加拿大的人配對成功。這是個全球性的登記和醫療合作系統，真是太了不起了。如果你和某個病人配對成功，機構會聯絡你。若你仍願意參與捐增計畫，你會接受一套健康檢查，包括全套血液檢查（簡稱CBC）和醫療史審查。如果全數通過的話，你便能前往醫院進行捐贈。透過一台機器，你的血液會被抽出、採集你的幹細胞，再將你的血液輸回你的身體。這需要花上五個小時，但全程無痛。造血幹細胞是尚未成熟的細胞，你體內大部分的血液細胞都是從它們發展而來。這些被採集的幹細胞將會被運到病人的醫院，輸進病人體內。

近幾年開始，骨髓移植也逐漸被視為幹細胞移植，這是因為抽取骨髓幹細胞的技術改變了；醫療單位不再直接從捐贈者的骨髓裡採集幹細胞，如今新的手法是以輸液的方式獲取幹細胞，這對捐贈者的負擔較小。「幹細胞移植」和「骨髓移植」這兩個詞通常指的是同一件事。

我所謂的「我沒有配對成功的對象」，代表系統裡找不到和我在十二個抗原點都相吻合的人。那時我還不懂這方面的科學——感謝老天，我當時也沒有多問。感謝老天，我從來沒聽過何謂白血球抗原，也不知道若我從不吻合的捐贈者身上接受了幹細胞，我的細胞就會在身體裡橫衝直撞、攻擊這些可以救我一命的新的幹細胞。

• • •

二〇一七年十二月二十日。

移植門診在三樓的另一頭。從電梯出來後，左轉是羅伯茲醫生的診間，右轉則是范貝森醫生（或者「VB」，大家都這麼叫他）的診間。

小小的等候室裡有個標示：

注意

為保護病人和工作人員的安全

「所有病人」和有流感症狀的訪客

於本區請一律戴上口罩

之所以必須戴口罩，是因為移植病人的免疫系統已嚴重受損。在治療過程中，你的骨髓被清空，整個免疫系統都消失了，在免疫系統——新的紅血球、白血球、血小板——重建之前，你處於極大的風險中。

基於我現在脆弱的身體狀況，我在醫院裡總是戴著口罩，不過當我們進入二十六號診間後，我便把口罩拿下來了。這是一個平凡的小房間，裡面有兩張金屬椅，讓我和彼得並肩坐著。我們的眼前是一張檢查床。范貝森醫生走了進來，和我們握手打招呼，隨後便坐在電腦旁邊。我猜他大約年近六十歲，身形高挑、眼窩深邃，有著稀疏的灰白頭髮，給人一種安靜的莊重感。他講話帶著口音——他當然有口音了，因為他是比利時人——溫和軟綿的語調，讓人以為他可能是法國人。在這次的會面中，我發現他不會打腫臉充胖子，自信卻不自大傲慢，這讓我鬆了一口氣。

我們沒有聊天，也沒有說些初次見面的客套話。

他向我說明移植的過程。我會先接受一回合的化療，以清除我骨髓中的疾病。我不知道這次的化療會發生哪些情況，但根據我姊姊之前所做的研究，我知道它很恐怖。如果這次化療成功的話，我的移植會來自兩名捐贈者：一名成人的血液，以及一名嬰兒的臍帶血。母親可以在生產時捐贈她們的臍帶血，雖然其數量不多，但適應力極強，在非完全配對的狀況下相當有幫助。它會被移植到我空空如也的骨髓中，當它移植成功並開始倍增時，隨後移植的成人捐贈者幹細胞會保護我，而後再逐漸消失。

為什麼成人捐贈者的幹細胞會照顧嬰兒的臍帶血，然後再讓後者接管呢？這實在太奇妙了。有些科學事實聽起來就像是科幻小說。

我猜羅伯茲醫生已經告知范貝森醫生，我很可能找不到完全吻合的骨髓捐贈者，所以他才建議我使用這種新興的方法——透過兩名捐贈者進行骨髓移植，而不是單一捐贈者。這方法稱做「單倍體臍帶移植」(haplo-cord transplant)。

那時，我完全不了解這個嶄新的實驗性移植法，我甚至不記得自己曾聽過「單倍體臍帶移植」這個詞。我不知道單倍體臍帶移植法是西班牙的一群醫生發明的，還是范貝森醫生一直以來努力使其更有成效的方法，又或者，這其實是幾間醫院的研究成果？那天，我只聽到幾件事情。

范貝森醫生說，兩名捐贈者的骨髓都不會和我完全吻合。怎樣個不完全？我沒有問。我也沒有問他，**如果找不到十二個抗原點都吻合的人，那我的捐贈者吻合了幾個抗原點**？我當時並不知道任何關於抗原點或十二點相吻合的事情，我太無知、太害怕了。我也完全不知道范貝森醫生是如何檢視吻合程度的。我只知道一件事：這個單倍體臍帶移植法或許是拯救我的唯一機會。

對於我自己在生病期間的無知——不想去知道或了解相關科學，或者就是無法消化相關知識，遺漏對方給我的資訊，從不去研究也完全不碰Google——我一點都不意外。這不只是因為我知道身為醫生的彼得會幫我搞清楚，畢竟我也尚未完全認識彼得的本性。追根究底，我認為，當你面對死亡時，你的個性仍然會決定你的應對方式。我對許多事情都很好奇，同時也會把它們寫下來——兩人如何墜入愛河、為何婚姻會以分手收場、瘋狂的家庭情境、家庭成員的互動、殘酷心理現象、童年、友誼的本質——然而關於能夠救我性命的科學知識，我只知道：如果我去研究它們，我會陷入恐慌，我會歇斯底里，我會誤解，我會心神不寧，我甚至提不起勁去研究它們。我並沒有壓抑自己的好奇心，我只是相信自己看人的能力，然後放手交託。

與范貝森醫生第一次會面時，我倒是記得他所說的一段話：「你已經七十多歲了，許多醫院不會想要幫七十歲以上的病人進行骨髓移植。」顯然是因為我撐不過去。他講話一點都不苛刻，反倒相當和善，但他並沒有打算要收我。「到對街去，」他建議我，「看看他們怎麼說。」他指的是斯隆－凱特琳癌症中心。我不要去對面，我才不要離開羅伯茲醫生。**我們在羅伯茲號上**。不過我沒有告訴他。

「用這個方法，你的存活率是百分之二十。」他如此告訴我。以我的年齡，沒有完全吻合的捐贈者，加上我骨髓中既存的疾病，若要移植成功，前提是我的骨髓能夠被清除得一乾二淨。「如果你不進行移植，」范貝森醫生說，「你只能再活四個月，或者頂多四個半月。」

坐在小小的金屬椅子上，聽著對方為我帶來最可怕的消息，我竟沒有什麼感覺。我沒有哭，只是侷促不安地蜷縮了一下，但幾乎可說是毫無反應。

「可是我和彼得才剛開始談戀愛。」我說。

我不知道自己怎麼會突然冒出這句話。或許，我希望自己不只是走進他診間的一般病人吧。或許，我以為「愛」能夠增加我的存活率或延長我的生命。又或許，這能解釋為何我瘋狂到願意進行只有百分之二十存活率的移植手術。

「考慮一下，」他說，「下星期再回來。」

• • •

那天下午，我在我家公寓大廳遇見了蓋兒（不是蓋兒．羅伯茲醫生，而是另一個令人印象深刻的蓋兒，我都叫她麥蓋兒）。

麥蓋兒是一名心理治療師。我一直希望能找她做心理諮商，不過你終究不好在每次遛狗時巧遇你的心理治療師——雖然我現在已經沒有養狗了。她正遛著她的小狗毛奇。

毛奇喜歡甜甜也喜歡我，對毛奇而言，這可不常見。他是棉花面紗犬，白色的毛茸茸小狗，和甜甜差不多高，但明顯更魁、更胖，而且對人更挑剔。打從我搬進這棟公寓起，就常和麥蓋兒在街上聊天，我們會聊著自己的事情，內容也很深入。我們就是這樣——在大廳和街道上建立友誼。傑瑞生病時，我會向她訴苦。傑瑞去世後，她請門房轉交自己煮的家常菜給我：綜合蔬菜配上一條法式長棍麵包。她會彈班鳩琴，雖然我從來沒有聽過，但我常遇到她正好要出門上班鳩琴課。她大約六十多歲，個頭小巧、頂著金色短捲髮的她總是活力充沛，穿著配色大膽且鮮豔的衣服。當我認識彼得時，我在巧遇她時忍不住真的大叫出來：「我實在不敢相信，他居然是精神科醫師！」麥蓋兒和我分享了她如何遇見瑪蒂——也就是她的伴侶。她參加了一場為精神科社工所舉辦的研討會，瑪蒂是那天的講師。當時的她，正準備立下成為修女的最後誓約，結果她看了瑪蒂一眼，便瘋狂地愛上她，然後她們就在一起了。

我在大廳一看到她，便忍不住脫口而出：「它又復發了，我的緩解期結束了。」我懇求她來我家坐坐。

我們上樓去，我坐在沙發上，她坐在我對面的藤椅上，我倆沐浴在美麗的午後陽光下。後來，我問她對那天的相聚有何感想，她形容當時的我「徹徹底底地陷入無能為力的恐懼中」。我對於即將開始的治療感到恐懼，深怕醫生們找不到合適的捐贈者，我極度害怕死亡。她告訴我，我的恐懼是如此強大，「我覺得你已經和恐懼完全結合了。」

「如果我選擇骨髓移植，」我問她，「你會幫我嗎？」

可憐的麥蓋兒，被一個罹患血癌的瘋鄰居用繩索套住給拖了過來。我認為她是最慷慨善良的人，也是因為如此，所以我利用了她的善良。她說當然，她很樂意幫忙。在我接受移植之前，只要我需要，隨時可以去找她，她也會在我住院期間來看我。當我送她到電梯口時，我說：「你對我的愛，對我非常重要。」

我得老實說，如今我完全不記得自己說過這句話，是麥蓋兒後來轉述給我聽的，而且她對此也相當震驚。我也感到很震驚。我求她參與這場災難、把她拽入這趟逃避死亡的悲慘恐怖之旅已經夠糟的了，結果我還要求她必須愛我。在我看來，這可以看出我當時有多麼歇斯底里。

當電梯門打開時，她思考了一下。「嗯，迪麗亞，」她說，「因為我的確愛你，所以這不是問題。」

她事後告訴我，在那一刻，她知道，她要和我一起踏上這趟旅程。我在召集屬於我的女戰士。如今回想起來，在我自己意識到之前，我就已經在招兵買馬了。

• • •

耶誕節那天——我仍然在想同樣的問題：我該不該接受移植？我感到極度煩躁，我好像在第十街上走了一會兒，後來又進進出出彼得的辦公室，而他只是默默忍受我的叫嚷和咆哮。他認為我應該接受。後來他告訴我，他知道我終究會點頭的，但他希望我能找到屬於自己的理由。我從來不是個喜歡過節的人，這話聽來淒涼，但實際上是我累壞了。多年來的布置、購物、包裝、烤餅乾再撒糖霜、照著梅達・希特（Maida Heatter）的食譜烤慕斯蛋糕和咖啡太妃糖派、烤火腿、在每年耶誕節舉辦盛大的派對——實在是讓我精疲力盡。或者，我就是無心慶祝這個可能是我這輩子最後一次的耶誕節。

從耶誕節到新年這段期間，有點瘋狂的我，步履蹣跚地走到大學廣場街（University Place）的Nix餐廳與莎拉共進午餐，她是一名編劇暨小說家。我們在二〇〇八年的美國編劇工會大罷工上認識，一邊示威、一邊沿著街區繞行的我們，在過程中成了朋友。我一坐下，劈頭就對她說：「我又病了。」她的臉色垮了下來，靜靜地坐在那裡消化這個消息。我把移植、存活率是百分之二十的事情告訴她，也向她表示我可能不會選擇移植。「但你還在談戀愛，」她說，「我的意思是，你才剛陷入熱戀。」

• • •

羅伯茲醫生打電話來，要跟我討論這件事。我坐在房間的沙發上。九個月前，當她告知我罹患急性骨髓性白血病時，我也坐在同一個位置上。「范貝森醫生說，我只有百分之二十的存活率，」我告訴她，「百分之二十。有跟沒有一樣。」

「你不是一個統計數字。」她說。

她也只能這麼回答我，對吧？我知道我很憤世嫉俗，但她聽起來是認真的。她開始滔滔不絕地說——我有健康的心和肺，血壓也很正常，沒有糖尿病，肝腎功能極佳等等，我所擁有的資產都是外在看不出來的。我則用我所聽到的可怕資訊來回報她：化療過程很殘酷，移植物抗宿主疾病會使人奄奄一息，甚至要了我的命。

羅伯茲醫生說：「妳該害怕的是白血病，不是治療。」對，就是這句話：我該害怕的是白血病，不是治療。她改變了我恐懼的焦點。

我可說是在那一刻下定了決心——我要打這場仗。為了我自己，也是為了彼得。我還想起了一件事，那是很久以前的事了。大約四十年前，當不孕症醫生試著找出我無法受孕的原因時，他指出可能是因為某種情況所致，但又說不太可能，因為這情況很少見。他說，只有百分之十的女性是因為這個情況而無法受孕。結果，我還真的就是那百分之十。由此可見，真的有人就是隸屬於那少數的百分比。套在我的骨髓移植上，那就是正面的百分比數字，我有可能就是那幸運的百分之二十。

從我盤根錯節且混亂的思緒中，我努力地擠出一絲希望。

• • •

我們和范貝森醫生約了第二次會面。在這次的會面中，他站起身對我說：「我認為你應該接受。」他還提高了我的存活率，現在是百分之四十了。

我不知道他為什麼提高了我的存活率。他似乎沒有意識到自己把機率提高了，因為他沒有說，**我上次是說百分之二十，但現在我認為有四十**。他只是說：「你的存活率是百分之四十。」這是針對我的精力、我的整體健康狀況所做的新評估嗎？這是仔細研究我目前的骨髓狀況後所得到的結論嗎？是羅伯茲醫生要他提高我的存活率嗎？「我覺得你應該接受。」是他還是羅伯茲醫生這麼認為呢？

我沒有問他，**你為什麼提高了我的存活率**？彼得也沒有問。

我認為醫生們應該很難想像，當病人們的腦袋因著恐懼而一團混亂時，他們有多麼無助，他們是多麼難以回應或吸收這些資訊。或者，只有我是這樣？我很遜，非常遜。當然，百分之四十還是很低，反正我也不相信這些數字。我只害怕白血病，就這樣吧。

• • •

二〇一七年，十二月二十七日。

一早醒來，我想起一名一年多前在簽書會上遇到的女子。她看到我的《紐約時報》文章後，寄了一封信給我。我狂亂地在電子郵件中尋找那封信。

伊琳斯．馬汀（Elyse Martin）寄給我：

嗨，迪麗亞，

去年我在湖森（Lake Forest）的簽書會上和你見過一面。我認為我們應該有親戚關係，因為我和你的姊姊諾拉長得很像，而且我們都來自白俄羅斯的同一個小鎮。在族譜上，我甚至有個表親的姓氏就是伊佛朗。我剛讀完你在《紐約時報》的文章，只想告訴你，我真的很開心看見你在七十二歲找到新戀情，這也讓我有了盼望！看到你進入緩解期，我也放心不少。你過去這一年真是精采啊。謝謝你分享你的故事。

愛你的你的表親（我想是吧）伊琳斯．馬汀

伊琳斯的確長得很像諾拉。我和諾拉已經長得夠像了，但她長得比我還像諾拉。毫無疑問，她一定和我有親戚關係。我的天，或許她能夠和我配對成功。我寫信給她，詢問是否能和她通電話。她答應了。

我雀躍不已，希望自己能夠解決這個問題，大大提升自己的存活率。

在電話裡，我向她解釋，我的白血病復發了，而且我需要骨髓捐贈的適合人選。我問她是否願意考慮進行測試，並用我僅有的微薄知識向她說明過程，以及我倆骨髓吻合所代表的意義。伊琳斯馬上一口答應。她真的是和善、仁慈到極點。

我詢問了羅伯茲醫生，但她直接了當地指出，基於我和我姊姊都罹患急性骨髓性白血病，我們必須假設家族中存在著白血病的基因。白血病是會遺傳的，所以她不想要把我和任何具有伊佛朗基因的人配對。

彼得也接受了測試。基於我們之間的各種魔力，我們巴望他會是個適合的人選。結果他不是。

我緊抓著「表親」這個可能性不願放手，於是我寫信給羅伯茲和范貝森醫生並懇求他們：「我有預感，她一定至少有部分符合。」我還加上了新的資訊：她有名表親死於白血病，而她的父親則死於淋巴瘤。羅伯茲醫生說：「我並不樂見由家族成員當捐贈者，尤其是看到這些家族病史之後。」但她尊重ＶＢ的看法。

ＶＢ說：「這樣的血型是沒有風險的……雖然我覺得可能性很低，但如果她真的是合適的捐贈者，產生迸發症的風險就會變得相當小。」

在這過程中，我越來越焦慮，也越來越疲憊，我的口腔皮下組織此時也因著血液累積而長瘡——我認為是白血病復發的徵兆。我將ＶＢ和羅伯茲醫生所有的電子郵件都寄給梅芮蒂思，請這位醫學天才幫我釐清內容。

「基於你腦袋的運作方式，」梅芮蒂思寫道，「你總會專注於風險上。若是我，我不會去想它。要相信，魔法會從其他地方出現的！」

•••

我不再執著於伊琳斯了。現在我已經在范貝森醫生的手裡，我要相信他。這可是件大事：我將自己的性命交給這名醫生，而且只有彼得會照顧我。這是一場我無法單憑己力取勝的比賽，我這輩子從來沒有覺得如此無助過。

醫院寄給我的移植資料接踵而來，無止無盡。我必須住院至少六個星期，然後再住進醫院旁邊的飯店，方便每天回門診接受檢查。這至少要持續一陣子，而且這一切的前提是：如果移植成功的話。從頭到尾，直到我完全恢復，會需要將近一年的時間。在這段期間內，我得遵守許多規則：不准上餐館，不能參加派對，不能去戲院，不能搭乘地鐵或公車，不能接觸小孩、嬰孩和狗，不能使用羽絨枕，不能接觸花朵，不能吃草莓、葡萄、壽司、熟食店的食物（在後臺處理好的食物），不能吃預先做好、放置在外的食物，例如沙拉吧或起司拼盤，還有，不能吃不帶皮的水果。在我剝橘子和切酪梨之前，要把它們都洗乾淨。使用刀子之前，要把刀子洗乾淨。任何一點細菌，都可能毀了我的身體。

我該害怕的是白血病，不是治療。當我在電話與電子郵件中，悲傷地把移植治療的消息告知朋友時，我將羅伯茲醫生的話謹記在心。我試著把一切事情都打點好。彼得會和我一起住院。琳達每天下午會來醫院和他輪班。茱莉亞會從威爾斯飛來一個星期。當彼得的女兒生產時，蒂娜會從加州飛來陪我，好讓彼得去探視他的女兒和新生兒。潔西和麥蓋兒會盡可能地來看我。我沒有請梅芮蒂思從舊金山來看我，雖然她是如此讓人安心的存在，又懂得許多醫學知識，然而考慮到她過去在醫療上所經歷的創傷，我不想要讓她覺得有負擔。至於亦女亦友的娜塔莎，她之後會找時間來看我。吉兒也是。海瑟無法來看我，因為她的寶寶還小。我的外甥女安娜和瑞秋會在一開始就來看我。至於傑瑞過世那天陪在我身邊的麗莎，由於她老早安排了一趟印度之旅，所以沒有辦法來看我。我的妹妹們也樂意來幫忙。

彼得透過電子郵件將我的近況告知每一個人。在處理這一切的過程中，他決定要退休了。他在二〇一八年的一月告知所有病人，他將在當年十二月底退休，好讓病人們有足夠的適應期。

• • •

要符合移植資格，我得通過許多測試，而且大部分都在同一天早上進行：骨質密度檢查、驗血、斷層掃描、心臟超音波檢查、肺功能測試、核磁共振。我還得和醫院的社工會面。我也必須去看牙醫，請他開立證明，表示我的口腔沒有問題。我還要去找皮膚科醫生，確認我沒有不正常的痣。我過關了。我的焦慮四處擴散，我的恐慌逐漸累積，因為一旦你曾經接受過化療，你的膚況的確會變得很不穩定。

大約在這個時候，我的第一個捐贈者沒有通過測試。沒有人告訴我原因。「這情況很常見。」VB說。

⋯⋯

最重要的是，此時VB和羅伯茲醫生讓我加入了CPX-351（我想我永遠都不會習慣稱它為Vyxeos）的另一個臨床試驗。這項試驗是要測試這種藥是否能作為移植前使用的有效化療藥物。

我的骨髓中仍然有白血病，若移植要成功，我就得處於完全的緩解期。羅伯茲和VB都沒有把CPX視為一般的移植前化療藥物，所以我終究得接受一般的移植前化療，只是我會先開始一輪的CPX注射治療。

CPX一定要再次施展它的魔法，我的未來都靠它了。如果骨髓沒有完全被清乾淨，醫生就不會讓我進入下一個療程。我簽下了參與試驗的同意書。

⋯⋯

二〇一八年一月二十五日，星期四。我在介入性放射科裝了一條隧道性導管，就在我的右側鎖骨下方。它就像一個端口，只是名字不同而已。現在的我身上開了一個口，便於每天抽血、輸血和化療。

二〇一八年一月三十日，星期二。新的成人捐贈者通過測試了。

二〇一八年一月三十一日，星期三。彼得聽說，醫院會為他安排一個「受到管制的私人空間」，好讓他能夠以電話或視訊為病人看診。我不是唯一將自己的心託付給他的人。

二〇一八年二月三日，星期六。尤金把我的頭髮削短，幾乎只剩微量的短毛。我愛我的頭髮，它們很濃密，而且有一點太捲了——然而，隨著我年齡漸長並逐漸接受自己在各方面的退化、皺紋的出現與鬆弛，我的腿和頭髮卻始終如一，它們是我的指望。不過，如今我只剩下腿了。我不讓自己感到失落，我直接採取行動。說真的，現在拿這件事與我將要面對的其他事情相較，有什麼意義呢？

面對這重大的時刻，尤金沒有和我多做討論，他只是把我的椅子轉離鏡子。不過，我們倒是討論了我的假髮。他的朋友呂克非常會做假髮，呂克和尤金屆時會來醫院幫我進行假髮試戴。我就像一個士兵，遵行指令，毫無選擇。我試著不要讓自己對這些事情有所感，也不想要為此哀悼。我展望前方——著眼於我所需要的，而非我將失去的事物。

我該害怕的是白血病，不是治療。

・・・

二〇一八年二月四日，星期天。

雖然我有可能永遠無法出院，但我還是打包了住院六星期所需的行李。我的妹妹艾美寄了可愛的睡衣給我，茱莉亞則寄給我一件類似和服的睡袍。我從抽屜裡拿出所有的家居服和T恤，它們是我可愛的鄰居米切爾送我的禮物。我請娜塔莎幫忙，寄給我一大堆且各式各樣的乳液。

・・・

二〇一八年二月五日，星期一。

彼得填好了所有的住院表格，於是我正式入住了。

頭幾天我可以住在高級的樓層，完成CPX注射治療。我不斷去查看腫瘤科那頭的單人房，因為當CPX開始施展魔法時（希望如此），我將搬到那裡住。

到目前為止，我花了許多時間待在這棟可愛的建築裡（連婚禮都在這裡舉行），穿著這裡提供的格紋針織睡袍欣賞河景，讓我不禁開始把這裡當成我的分時度假住所*，彷彿自己住在小島上似的。既然我不知道自己能不能活下來，那就不需錙銖必較了。在這裡住兩天，然後搬到腫瘤科的單人房。花光我的積蓄吧，我不在乎。

西棟十樓是移植病房的所在地，那裡全都是單人房，因為病人的免疫力非常低，訪客一律必須戴口罩。唯有當CPX讓我進入緩解期，我才會住到那裡去。

住院第一天，巡房的腫瘤科醫生來到我的病房。我就稱他為C醫生吧（不過C也不是他名字的縮寫）。C醫生就這麼不請自來地走進我的房間，對我說：「你有可能對CPX免疫。」

免疫？我不知道，我竟有可能對這種救命藥物免疫。若我真的對它免疫，那我就完蛋了。霎那間，我那微小的盼望近乎熄滅。霎那間，我感到滿腔的憤怒。霎那間，我恨這個醫生。

沒錯，恨。

雖然我看起來可能只是焦慮而已，但此刻的我肯定怒不可遏。看看這最後階段──無止無盡的檢測，試圖緊抓著渺茫的盼望，每分每秒都只能談論與想到自己是多麼混亂──我怎能不憤怒呢？憤怒的同時，我也充滿恐懼，一心只想找個人發洩這一切的情緒。所以當C醫生告訴我，這一切可能都沒指望、我可能對化療免疫時，就是他。我找到我的目標了。

病人可能因潛在疾病和化療而產生不良反應。C醫生每次巡房後，都會在我的檔案上加注這句話（我事後才知道此事），就是為了要提醒每一個人，我可能撐不過去。如果我真的發生危險，當然囉，這位聰明的醫生打從一開始就知道了。所以護理師們可以用「C醫生一開始就料到了，真聰明啊！」來解讀任何災難。

這名醫生的用意可能不是如此，但我是這麼解讀的。

我真心相信，如果醫生認為你會好起來（或者要你相信你會好起來）——就像羅伯茲醫生、喬恩和彼得一貫的態度——你也會因而產生信心。我之所以有點信心，是因為我的朋友相信我會痊癒，例如潔西和蒂娜。信心，它是有力量的。就算無法維持很長一段時間，至少可以在當下帶來安慰，有時候甚至可以長期支撐一個人。

但C醫生以恐懼取代了盼望。C醫生應該窩在某個地方，做一些試管實驗等工作。

＊ 譯注：分時度假（time sharing）最早源於法國，即消費者向特定飯店或度假村購買每年固定住宿天數的度假權，每年可有固定天數前往該處度假。

或者，他至少要被好好約談一下，好讓我不用遭受他漫不經心的殘忍對待。在這名醫生做出不智之舉後，滿腔怒火的我只想叫他滾出去。

根據喬恩的說法，C醫生所做的事情叫做「丟縐紗」，也可以稱作「掛縐紗」。縐紗是一種硬挺的亮面布料，在古代社會的哀悼習俗中，女性在丈夫死後的一年內，都要穿戴這種布料的衣服。根據Google的解釋，「丟縐紗」在醫學上的意思是「醫生向病人預告毫無指望的噩耗」。喬恩告訴我，他在實習生時期所受的教導是，醫生絕對不可以這麼做。

我無法逃避C醫生，因為巡房是他的工作。隔天，我在長廊上看見C醫生迎面走來，身邊還跟著一群住院醫師。他看起來相當開朗愉快——或許羅伯茲醫生責備過他了，因為我的確傳了抱怨訊息。在我的想像中，忙碌的羅伯茲醫生總是會守護我的理智。她已經夠忙了，但就算她為我這麼做，我也不會感到訝異。C醫生當場為我檢查，在走廊上聽著我的心跳，彷彿這件事很有趣似的。

我更恨這名醫生了。

當CPX大肆攻擊我的白血球時，我和彼得搬到了腫瘤科病房。我的外甥女瑞秋從洛杉磯來看我，我們整個週末都在拼一盒五百片的小狗圖案拼圖。我和移植外科的護理長碰面，友善的她告訴我，這裡的同仁都熱愛這份工作，這是個特別的地方。她溫柔地告訴我，她很願意在我被收治時幫我剃頭髮。她沒有確切告知我是否被收治了，不過我接受了她的好意。尤金和呂克來看我，呂克幫我試戴假髮。我的頭很小，呂克說：「你有芭蕾舞者的頭。」

二月十三日，彼得送了我一張情人節卡片。維多利亞風格的卡片上，有著一對情侶坐在一艘小船上，以及情人、康尼島（Coney Island）等字樣。卡片上的男人用手臂緊緊地環繞著身旁的女人，兩人的頭互相依偎。從他們的背影望去，他們正要漂向「愛的隧道」。這就是我們此刻的寫照。雖然我們將進入黑暗的隧道，但當我們從彼端出來時，將會更加強壯、更相愛。我們把這張卡片貼在牆上。

在我接受CPX治療時，彼得忙著寫電子郵件給每個人，告知消息、更新近況，並且總是報告最正面的結果。他說，我的狀況就是我們正準備進入「痊癒隧道」。在寫給他最要好的朋友吉姆和愛麗絲的信裡，他說：「我們踏上了這趟漫長且危險的旅程。由於迪麗亞在其他方面是如此健康，我們相信她會痊癒的！」至於他的孩子，他寫了一封洋洋灑灑的信向他們保證，我是成功移植的最佳候選人。在給娜塔莎的信中，他寫道：「我很樂觀，眾人的愛和生死與共將會幫助迪麗亞度過難關。」

我沒有看到這些信。他在我身邊時，並不是扮演啦啦隊的角色。然而他很冷靜、總是在我身邊，而且從來沒有展現過負面的態度。

後來，當我回顧他寫的這些電子郵件，讓我感到驚訝的是，他從來沒有偷偷寫過「我的天，這真是一場惡夢」這種句子，雖然當時真的就像惡夢一場。

我們持續和C醫生碰面。

有一天早上，我問C醫生：「請問，你知道羅伯茲醫生今天人在醫院嗎？」「相較於追蹤羅伯茲醫生的行蹤，我還有其他更重要的事情要做。」成群的受訓醫師和醫師助理都在一旁聽著這段對話。是啊，這就是你和病人講話的方式。

另一位醫生將我介紹給一名實習生，並且徵詢我這幾天是否能成為他觀察的對象，我說沒問題。這名實習生在我身邊晃來晃去、進進出出、東聊西聊，當他來跟我道別時，他說：「我肯定你會撐過去的。你有很棒的後盾，這絕對有差。」

他只是個實習生，幾乎可說是一無所知，但他的確懂一些事情。他的話安慰了我，使我為之一振。或許他說得沒錯。

我不想知道我每天的血球數——白血球、紅血球、血小板。我不想知道這些數字代表的意義，也無法讓自己成為時時追蹤各種狀況的人，尤其是這種只會讓我徒增焦慮的事。每天早上，護理師會在六點半左右叫醒我並幫我抽血，待醫生來巡房時，他或她已經收到抽血報告了，所以可以在必要時下令輸血，通常是紅血球或血小板。

彼得想要記錄我的血球數，於是我們請醫生將血球數寫在紙上，或者到走廊上私下告知彼得。

某天早上，當C醫生來巡房時，彼得向他詢問我的血球數。C醫生說：「你不需要知道，我們都有在追蹤。」

相信醫院有在追蹤？絕不。就算你在醫院裡受到絕佳的照顧，如果可以的話，也不要獨自一人，一定要有人在場幫你再確認。再者，C醫生知道彼得也是醫生。每個人都知道這點，因為每一次我在介紹彼得時，總會加上一句：「他是醫生。」我之所以想讓其他人知道，是因為我會覺得比較有保障。他們聽完通常會禮貌地問：「噢，是什麼醫生呢？」他會說：「精神科醫生。」然後對話差不多就結束了。他只是名精神科醫生，他只處理心理問題。不過我堅持這麼做，因為我相信這會增加我的優勢。這只是幻想，但這會讓我心裡好過一點。

C醫生離開房間後，彼得追了出去並在護理站附近攔住了他，這是他事後告訴我的。他用在場每個人都聽得到的音量說：「我是迪麗亞的先生，她請你把血球數的資訊給她，我們有權知道。你沒有權利用這種方式對待我們，這種方式非常不尊重人。」

聽起來真是大快人心。如果我當初沒有愛上彼得，我應該會在那時候愛上他吧。

C醫生沒有正眼看彼得，也沒有道歉，就這麼直接走進下一個病人的房間並丟下一句：「我們會把數字給你。」

醫師助理後來把血球數寫在一張紙上，交給了彼得。

我又見了C醫生最後一次。

在CPX療程結束、做完骨髓切片檢查後，我們還得等上幾天才能知道結果。在這段期間，我必須藉助抗焦慮藥物才有辦法入眠。某天，我和彼得正坐在病房的桌子旁，拼著最後一份小狗拼圖，C醫生在此時走了進來，站得離我們遠遠的，面無表情地說：「CPX很成功，你的骨髓是乾淨的，沒有殘存的白血病。」

我仍然很恨這名醫生，但當下的我是快樂的。我可以接受移植了。

• • •

我們迫不急待想要展開治療，甚至對此感到興奮，覺得好事就要發生了。接著就是等待空病房，直到晚上八點，我們才正式入住。

西棟十樓

造血幹細胞與骨髓移植部門

我就像其他病人一樣，坐在輪椅上由醫護人員推著穿過雙扇門。彼得拖著我的行李箱，緊跟在我身旁。門上貼著許多告示。**本區禁止鮮花或植物**。還有印著兩個人的禁止標誌：**非探訪本區病人之訪客，禁止進入**。第三個告示寫著：**發燒、感冒、有任何不適，或者曾接觸任何傳染疾病之訪客，禁止進入本區**。

如今，我登上大聯盟了。不出幾天我就會發現，在此之前，我所經歷的每件事都是微不足道、雞毛蒜皮的瑣事。我的CPX治療？只是有點不方便而已。現在的我才真正體會到生病是怎麼一回事，而痊癒得付上什麼代價。

西棟十樓位於這座U字型大樓的其中一側，它的灰泥牆是米色的，可從大樓尾端望見五十九街的橋口。護理站就位在U字型的中間點，連接著兩邊側翼。這層樓的長廊相當安靜，不是只在晚上八點才悄然無聲，而是一向如此。每一個房間都滿床，卻很少看見病人在外走動（我想，主要是因為他們都非常虛弱）。另一個如此安靜的原因是——每間病房都有一間附有氣閘的接待室，氣閘的功用在於減少透過空氣傳染的病菌，防止走廊的空氣流進病房裡，同時也阻絕了一些聲音。

我在走道上只看到一對男女，她穿著睡袍。一名護理師坐在走道旁的電腦前，正在輸入資料。我們經過護理站，我的病房在左側那一棟，它的空間非常小。

接待我們的護理師快速地把相關規定照本宣科地唸給我和彼得聽。她告知彼得，浴室為病人專屬使用，他不能進去。他必須離開西棟十樓，在其他地方使用公共浴室。若他想要在此過夜，可以睡在躺椅上。「我們明天可以換到比較大、至少可以放一張沙發床的房間嗎？」他問道。

她會試著協助我們，但無法保證。「我們希望可以找到比較適合你們的房間。」

我們開始把我行李箱裡的東西拿出來放好。彼得把那張「愛的隧道」情人節卡片貼在牆上，陪了我一會兒，親吻我之後便依依不捨地回家過夜了。

隔天，我真的換到了一間比較大的病房，而且裡面已經有一張沙發床了。我們大大地鬆了一口氣。

那名溫柔的護理師幫我把頭髮剃光了，因為化療終究會讓我的頭髮掉光。我現在是躺在床上的光頭女人。窗外的景色，是醫院的水泥樓頂。病房裡有一張圓桌、一台電視，以及一片供護理師們記錄資訊的白板，上面標示著第一天、第二天，然後接連下去。我的血球數應該也要記在白板上的，不過我請他們不要寫在上面，只要告訴彼得就好。護理師們也在白板上寫下自己、護理助理和醫生助理的名字，每次換班時，名字也隨之改變。病床斜對角的角落擺著一張躺椅，那是訪客坐的位置，因為那裡離我最遠。護理師建議我也要盡可能地多花時間坐在那裡，因為坐著比躺著好，畢竟我很快就會只想成天躺著了。

我展開了五天的「調理」，這當然是委婉的說法。事實上，彼得稱之為「高毒性與酷刑虐待」。在這五天裡，我所承受的每一次化療都帶著毒性，不過最後一劑的威克瘤（melphalan）才是真正的大魔王。

威克瘤的目的在於徹底消滅任何躲在我體內的殘存白血病細胞，並以靜脈注射的方式輸至我的體內。在治療過程中，威克瘤會破壞我的口腔內部和喉嚨。我誤以為它會破壞我的整個腸道，不過光是口腔和喉嚨就夠讓我驚恐的了。護理師向我解釋，要對抗破壞性並確保有效性，唯一的方法就是在注射全程讓我的口腔處於冷凍狀態。我必須在注射前冷凍我的口腔，並且在注射全程不斷地嚼著冰塊。注射結束後，我還得繼續咀嚼冰塊一個小時。我全程都處於驚恐狀態，這實在是太可怕了。

威克瘤的療程結束後，我仍然餘悸猶存。當我躺在病床上、越來越虛弱時，那段回憶糾纏了我好幾天。晚上，我在惡夢中驚恐不已，仍能感受到冰塊的冷冽。此外，威克瘤的副作用相當可怕，我完全無法進食，只能不時抓著塑膠碗嘔吐不止。我很快就對食物失去了興趣，因為我無法嚐出它們的味道。其實我根本無法吃進任何東西，甚至虛弱到無法起身去上廁所。這一切來得又急又快，令人措手不及。

下午的時候，彼得會把我交給琳達，然後回到我們的公寓，洗個澡、收發電子郵件、用電話或視訊看診，然後從街角的義式冰淇淋店帶一份冰沙給我。在威克瘤的摧殘後，我只喜歡紫色的口味，例如葡萄或黑莓。我不是真的喜歡它們，但我至少可以勉強自己吃個幾口。早上，早餐送來後，我總會試著吃點哈密瓜，不過它並非當季水果，而且很硬。

還有藥丸。太多藥丸了。它們的名字總有許多音節，我根本不會唸。我得吞下各式各樣的藥丸，有些是巨大的藏青色，有些是小巧的粉紅色。有些是一天一次，有些是一天兩次，有些則是一天三次。除了藥丸，還要吞下某些注入我嘴巴的液體。沒完沒了，源源不絕。後來，我根據病歷算了算：我每天大概要吃三十種口服處方藥。我的服藥量總是在變，一旦我接受了移植，他們還會要我吞下其他藥物，以對抗移植物對抗宿主疾病。此外，由於我現在完全沒有白血球，所以他們必須密集監控我的狀況，只要有任何發燒徵兆，馬上就要吃抗生素。

服藥儀式從清晨五、六點就開始了，然後分別在早上九點、中午十二點、下午三點、下午六點和晚上九點再吞下更多的藥。我害怕極了。我從來就不是個很會吞藥的人，再加上如今常常反胃，我實在無法把它們吞下肚，往往只能全數吐了出來。結果就是，我得再吞一次。每一天，它們注記著我每一次的失敗，彷彿一齣又一齣的鬧劇。有時候，我含著水吞下它們，有時候，我試著用優格或冰沙，其他時候則是蘋果泥。一顆藥丸，究竟有什麼難的呢？然而這過程卻彷彿惡魔一次又一次地上門糾纏我。

還有注射和輸液。通常是一袋不明液體掛在我床邊的杆子上，注入我的血管。二月二十六號，在我在接受威克瘤注射後的隔天，也是副作用剛開始的時候，我接受了第一名捐贈者的移植。「他們在點滴架上掛了一個小小的塑膠袋，裡面是淡黃色、像血漿一樣的物質。」彼得形容給我聽。這些是我的成人捐贈者的幹細胞。「真是令人興奮，幾乎想要開慶祝會了。」他說。

「這種感覺就像是你已經竭盡所能、使治療奏效一樣。我很高興，」他後來堅稱，「雖然我看著你受盡折磨，實在好心疼，但這過程沒有任何差錯，我們都樂觀其成。」

輸液過程為時不到一個鐘頭。范貝森醫生出現了，羅伯茲醫生也來看我。這是個值得慶祝的時刻，每個人都覺得我做得很好，並且以我為榮。

彼得寫給我所愛的女性密友們：

只是想要讓你們知道，迪麗亞的狀況很好——捐贈者的骨髓細胞今天順利地進入體內了。未來幾天她會維持「被打趴」的狀態，她自己是如此形容的，她大部分的時間都在睡夢中度過，不過那是上星期的化療影響累積所致，接下來幾天應該會逐漸消退。她沒有發燒，也沒有排斥反應。明天將會輸入嬰兒的幹細胞，希望未來一兩天她能逐漸恢復精神和你們聯絡，不過她（我們）深深地感受到你們的愛！

愛你們的彼得

二月二十六日，茱莉亞給我：

我最親愛的迪麗亞，

關於你昨天的治療結果，彼得捎來的消息讓我大大地鬆了一口氣。我一直記掛著你，想到星期六的晚上你是多麼緊張，而我又是多麼希望能夠在你身邊陪著你。結果，就在星期天的半夜十二點半，波比突然要生了（比預產期早了兩個星期），於是我在大半夜開車到倫敦看她。所以，昨天實在是相當奇特的一天，當我的愛與盼望橫越大西洋、同時也捎至倫敦的聖瑪麗醫院時，我發現我此生最愛、最重要的兩個女人正在經歷生命的巨大挑戰，人生就是那麼奇妙。今早，當我收到彼得的郵件時，真的是放心不少。親愛的，你要好好照顧自己，待你恢復些了，過幾天我再打電話給你。

非常非常愛你的茱莉亞

就在我得到新生兒的幹細胞時，茱莉亞的女兒波比正在生產。她在賦予生命，而我則重生了。這對我們兩人來說，都是大事。不過就現實面來說，不論是奇蹟或是苦難，或者是參雜著苦難的奇蹟，它們都各有其獨特之處。如今，我被隔離了。身為住院病人，就像處在世界的中心——那是個非常小的世界，但我絕對是中心。每個人都在服侍我。然而與此同時，我也是軟弱無力的。身處世界的中心但軟弱無力。

第二天，我接受了第二次的移植，也就是臍帶血幹細胞。這次也很順利。

即便這是個好消息，但在威克瘤的影響下，我無法吃進任何食物。我只能透過靜脈注射取得營養，而且很快就墜入了虛弱、持續反胃、對藥丸心生恐懼，以及絕望的深淵中。

移植後兩天，梅芮蒂思和彼得信件往來。

三月一日，梅芮蒂思給彼得：

嗨，彼得，

我清醒的時候，每分每秒都在想著你們。我希望你們有幫手，並且能撐過這段極其艱辛痛苦的時期。我從迪麗亞簡短的信中得知，她現在狀況很不好。知道她現在病得只剩半條命，我實在無法想像那有多可怕，以及目睹這一切對你而言是何等艱難。我只能禱告，希望醫生認為這次的移植很成功，沒有任何復發狀況，而且她正穩穩地走向痊癒之路。現在說什麼可能都還太早，不過若你願意簡單告知我任何消息，我會非常感激。

愛你們的梅芮蒂思

彼得給梅芮蒂思：

嗨，梅芮蒂思，

我正要回信給你的時候，霎時間，迪麗亞彷彿回應你似的，突然從睡夢中清醒並說：「我明顯覺得好一點了。」

我們很感恩，各項治療都進行得很順利。迪麗亞昨天有短暫的心房顫動現象，就像大約一年前她首次接受CPX-351治療的時候一樣。不過可怕的發燒沒有出現，也沒有任何跡象顯示她的身體排斥捐贈者這珍貴的幹細胞。醫療團隊說，成功的移植就是這樣，每件事都照著計畫進行。不過，她的確被反胃和嘔吐整得很慘，吃不下東西，疲憊不堪，覺得自己不像是一個人。在細胞移植的前一週，她的慘況大概就是如此。大部分時候都只能靠睡覺來減輕不適。

所以，希望今晚的「好多了」，代表未來幾天能夠漸入佳境。

不過在這段期間，我們還是有在走廊上稍微走走，甚至看了幾集《歡樂單身派對》（*Seinfeld*）（每個人都在用Hulu）和其他喜劇。

我自己的狀況還可以——的確，就像你所說的，我痛恨看到她的慘況、她的無助。然而，我尚且能夠以旁觀者的角度，每天提醒迪麗亞一百次：每一件事，甚至是苦難，都是痊癒之路的一部分。我們會在神祕又可怕的「愛的隧道」中繼續航行。

希望幾天後，她會有足夠的力氣和你通電話，我知道這一定會讓她覺得很安慰。

我們很快就會見面了，不論在東岸或西岸都好。

愛你的彼得

彼得讓每個人都知道我的情況。艾麗斯和麥蓋兒寫道，她們在做施受法（tonglen），這是一種藏傳佛教的冥想操練，讓人能夠吸收另一人的痛苦，將之轉化，然後再將治癒力傳遞出去。她們每天都做。在這小小的醫院牢籠裡，想到外頭的朋友們正在試著幫助我痊癒，實在讓我感到安慰。

移植後十天，來巡房的醫生告訴我，我的骨髓開始製造白血球，這表示移植開始產生效果了。醫生稱之為「植入」。我在床上坐起身來，對著空氣揮拳。「帥啊！」我大喊。

我這輩子應該沒有喊過「帥啊！」不過我真的是情不自禁。

•••

彼得把這個好消息告知所有人。有些是各別通知，有些則是用群組信的方式。「今天是第二名捐贈者細胞移植後的第十天，就在今天，我們明顯看到移植的骨髓開始製造白血球，進入血液循環系統了。這是個大好消息！」

他積極樂觀、不讓我們覺得被擊垮，真是太英勇了。主治醫師每天都會在病歷上附注：**丈夫隨侍在側**。

我的「感覺好多了」只是曇花一現。儘管移植的細胞在我的骨髓中安頓了下來，但一切並不「順利」。我對這段期間的記憶只剩片段：護理師們來來去去，那塊白板——某個名字被劃掉，然後又寫上了新的名字——還有醫生、移植、藥丸。威克瘤所帶來的可怕回憶。彼得試著哄我吃點東西，提醒我喝水。水，水，水。他總是把水瓶遞到我面前。但即便喝水也是一件倍感艱辛的事。和琳達一起看艾倫．狄珍妮（Ellen DeGeneres）的談話節目。琳達扶著我去上廁所。

梅芮蒂思從舊金山飛來了，出乎意料，也讓我感激不已。她後來向我解釋：「我只是想要來這裡，看看能不能幫上什麼忙。這裡又冷、又是冬天，也是流感流行的季節，如果彼得生病了怎麼辦？我一定得來。如果他發生了什麼事，你們要怎麼辦？」

梅芮蒂思回憶起我當時的情況。「你對外面的世界毫無興趣，你的腦袋根本沒有餘裕去想這些事。當我提到我打算在紐約長期租房子時，你整個人興高采烈了起來。有一次，你注意到我圍著一條鮮豔的圍巾，你說：『噢！我好喜歡這條圍巾。』那是你的聲音，你真正的聲音，我看到你還在。你三不五時就會以這種稍縱即逝的方式活過來一下，不過大部分的時候，你非常安靜、缺乏生氣。琳達和彼得就像是黑暗宇宙中的一個小光點，我們都在等你重新加入太陽系。」

根據梅芮蒂思的描述，某天我說：「我不知道發生了什麼事。我甚至不知道我的免疫系統在做什麼。」

「現在別管這些了，因為你正在重建一套新的免疫系統。」梅芮蒂思說。

後來她又說：「有些時候，你解離得非常厲害。有一天，你正在打一包好大的點滴。『哇，看看這個，』你說，『這很神奇吧，他們可以就這樣把東西掛起來，然後把整包東西打進你體內。』你語帶驚奇，彷彿眼前是別人的手臂和身體。有一次你還說：『我這麼做是不是瘋啦？』似乎打算來個奢華的度假之旅。我想，不去知道太多反倒對你有好處。如果我問你某件事，你會說：『我不知道，問彼得吧，他說了算。』或者有時候你會說：『他什麼都知道。』」

我的確記得梅芮蒂思的圍巾，以及她一時興起、要在紐約半定居的事情。我記得她從艾美烘焙坊買了杯子蛋糕給我，但我卻一點都吃不下去，這在我健康的時候是絕對不可能發生的事。我還記得她抵達的那一刻，彷彿一股生命氣息吹進了我的病房。

梅芮蒂思說：「彼得在病房裡總是顯得輕鬆愉快。如果他很擔心，他只會在病房外，也就是那間小小的接待室說。而且就算他真的說了，他也只會稍稍揮動他的手，彷彿在說，**這事沒什麼**。雖然事後我才知道，這根本不是『沒什麼』。

「當我在病房時，我會鼓勵彼得去休息一下，畢竟他一直捨不得離開。不過他至少開始去散步了，也會回家洗個澡。他總是那麼貼心且鼓舞人。他對待每個醫生的態度都很好——他不會和他們爭——這種彼此不服氣的鳥事我看多了。他總會詢問你的想法。『迪麗亞，這樣對吧？你有聽到我跟梅芮蒂思說的話嗎？看看迪麗亞的血球數，看看她的狀況有多好。』他是真心相信的。即便我有所懷疑，但我也從未說出口，因為這樣一來將會嚴重破壞彼得致力打造的情緒空間。」

三月三日，彼得給喬恩（或許因為他們兩人都是醫生，所以他的口氣比平常更直接）：

喬恩，

目前一切都屬最理想的狀況——依第四天的標準來看，醫生們目前非常滿意所有的移植參數。

問題是，雖然持續反胃、疲憊和食欲不振是可預期的，但過去這幾天卻讓迪麗亞苦不堪言。這比較可能是前一週調理藥物累積下來的副作用，更甚於移植本身所帶來的影響。她知道這是必經之痛，但除非反胃的狀況有改善，否則她會一直覺得自己生不如死。對了，幾天前她又出現了短暫幾小時的心房顫動，就像去年四月一樣。現在心跳已經穩定下來了，不過那幾個小時真的是令人膽戰心驚。即便如此，我們仍然不氣餒，不時就到走廊上走走，鼓舞自己這段經歷將帶來光明的未來。這四天她基本上完全無法進食，所以今天開始打靜脈營養針了。

希望她到這週末時，能夠有力氣說點話。

我還好——我也在同艘船上，不過受苦的不是我的身體和骨髓，是我的靈魂。

在你們可以直接跟她對話之前，我會代你們轉達關心的。我們也愛你和凱特。

愛你們的彼得

隨想附注（首先，請原諒我在半夜寫這份草稿）：由於這不是心臟移植——感謝這鼎鼎大名、肉眼可見的器官，讓病人和所有關心的人都清楚明白從器官捐贈者身上摘取器官的實際過程——所以我認為骨髓／幹細胞移植顯然並不具同等知名度，相較之下，病人和其所愛的人多少都會經歷週遭人們的漠不關心。但骨髓移植所帶來的實質打擊卻絕對是等量的，而且身體和「潛意識」（這是我們榮格分析師最愛提的，也就是靈魂）完全感受得到。此外，它在尖叫。迪麗亞的內心正在吶喊。

•
•
•

每一天，一名高個子醫生都會進來病房，站在床邊湊近問我：「你今天吃了什麼？」

「沒什麼。」我說。或者我會說：「一點點義式冰淇淋。」

他是負責我營養攝取的醫師，在確認我應該繼續進行靜脈輸液後，他便離開了。這過程大概只有十五秒鐘。有一天，我絕望地說：「這真的好艱辛。」他聽了，專注地看著我說：「這是一場戰爭。」

• • •

某天，梅芮蒂思告訴我：「你之前被送到了加護病房。」

我不知道她在說什麼。

聽了她的解釋我才知道，三月六日，在接受移植後只過了九天，我的心房顫動情況變得很嚴重。醫生增加了舒壓寧（metoprolol）的劑量，試圖控制心房顫動的情況，但卻不見起色，於是我被移到加護病房並待了五天。

我對這段期間完全沒有印象，腦海中也沒有任何影像、聲音、一絲一毫的記憶。在我的意識裡，我沒有見過加護病房。

「當你在加護病房裡時，」梅芮蒂思告訴我，「我們都必須穿著防護衣。在進到你的病房之前，我們都必須穿過一個小小的房間，在那裡消毒我們的手、戴上塑膠面罩。那小小的房間讓我們清楚知道，每件事都攸關生死。我超級害怕自己會把外面世界的病菌帶給你，所以我不敢搭地鐵，每次搭 Uber 時總會先在座位上墊著一條毛巾。我總是怕得要命，萬一我把病菌傳染給你怎麼辦？我們不能離你太近，也無法握著你的手。」

梅芮蒂思和琳達還講了好多後來我在加護病房的行徑。

「他們把你推去做核磁共振，我當時跟著你一起去。」梅芮蒂思說。「主要是照腹部和胸腔。這時你開始不爽了，不想要乖乖躺進機器裡，結果他們沒辦法完成攝影。你還跟他們說，『去你的』。」

琳達沒有陪我去做核磁共振，但她在我進加護病房前見證了不少我的言行舉止，此時她加了一句：「那時你跟每個人都說『去你的』。」

聽到自己造成了騷動，我不禁興奮不已。我也不知道自己在興奮什麼。一部分顯然是因為我安全度過難關了。還有一部分是，身為處處受限的病人，聽到自己「調皮搗蛋」反而讓我很高興。

琳達說，就在我見人就罵的時候，我突然停下來問道：「賓奇是不是買新車了啊？」

賓奇是諾拉的好朋友。

我和琳達不約而同大笑起來。「我竟然說『賓奇是不是買新車了』？」

後來——其實是很久以後——梅芮蒂思才告訴我核磁共振的始末，因為當時她認為這件事所帶來的創傷太大了，她實在無法啟齒。當時，彼得人在我們的公寓，他回去沖澡、透過Zoom與一名病人視訊，不過由於運送我的人員提早來了，梅芮蒂思便陪著我從加護病房前往核磁共振室。她原本坐在外頭等醫護人員完成檢查，但卻聽到我在大吼大叫。「停！現在就停！去你的！去你媽的！」我一次又一次地喊著，直到其中一名技術人員出來對她說：「伊佛朗女士似乎很生氣，我們的掃描才做到一半，但她不願讓我們繼續。」

「他們請我去幫忙讓你冷靜，」梅芮蒂思說，「你把被子和病人服都踢掉、扯開了。你就這麼光溜溜地躺在那裡，不斷地拳打腳踢、朝空氣揮拳，同時喊著『停！我受夠這些爛事了』。我試著安撫你，不過效果不大。

「當你終於開始平靜下來時，彼得穿過門走了進來。他以最快速度從附近抓了一條毯子蓋住你、把你裹好，然後輕撫你的手臂安撫你。保留你的尊嚴、覆蓋與保護你，是他唯一在意的事。最後，他以平靜但非常強勢的語氣說，『沒必要再做下去了，我們把她送回房間吧』。

「在上樓通往一般移植部門，也就是西棟十樓的電梯裡，他一直抓著那張毯子，把你蓋著。醫護人員把你送進了病房、抬上床，你就睡著了。」

「我當時在發抖，」梅芮蒂思說，「我開始跟彼得敘述這過程是多麼混亂與痛苦，不過後來又想到，或許他其實不想聽到這些。彼得跟我說，『她因為注射了很多類固醇，所以會妄想』。

「這就說得通了。你住院的這幾週來，我一直以為你所說的每一句話都是真心的，以為你終於把內心的話全都發洩出來了。知道這其實是你的妄想症狀，我反倒放心了。因為那根本不是你。

「那天所發生的事，深深地烙印在我的腦海裡，尤其是彼得隨手抓了一條毯子、一個箭步上前把你蓋住的畫面。」

聽到這些敘述、試著了解我當時有多混亂，是一種很奇異的感覺。這聽起來就好像是其他人的故事。同時我也很難過，竟讓梅芮蒂思和彼得面對這一切。

說到光溜溜：在某一個時間點，而且是相當初期的時候，我就已經失去所有的端莊與隱私了。無法進食，日漸虛弱，讓護理師們連番進來測量我的生命跡象、為我輸液、餵我吃藥，失去所有胃口並不斷嘔吐——我的身體已經不屬於我自己了。我的身體發瘋了，而我是它的受害者。

我從加護病房出來後，心房顫動的症狀也成功得到控制，我被換到了一間小病房，並且得到了一名照護員。這名護理助理整天待在我身旁，以防我爬下床。他們把我床邊的護欄都升起來，但我還是一直想爬出去。我對此也毫無印象。由於病房太小，彼得沒辦法睡在裡面，於是他去和護理長溝通。他堅持，我去加護病房之前所待的那種病房對我比較好，它有較大的窗戶，因此採光更好、讓人心情更愉悅，而且放得下一張沙發床，好讓他可以陪著我。他還告訴護理長，他可以幫忙護理助理。最後，護理長同意了。彼得認為這是他的一大勝利，因為我們又回到了大房間。不過，我認為他最大的勝利就是他的始終如一。他拒絕相信我會死，在我苦苦哀求他放手讓我走時，他也始終沒有讓步。

他沒有讓任何人知道我因為心臟出問題而進了加護病房，也沒有告訴任何人在核磁共振室的創傷事件。他一直在追蹤我的血球數，觀察幹細胞移植是否成功。他對他所看到的數據深具信心，因為醫療團隊不斷地說：「只要骨髓移植成功，她的狀況就會越來越好。」數據顯示，骨髓移植很成功。每個人——范貝森醫生、他的同僚、在西棟十樓專門協助移植治療的護理師們——都不斷要彼得放心。

三月七日，就在我心房顫動發作的當下，他寫給海瑟：

嗨，海瑟，

好消息是，捐贈者的骨髓正在開始製造少量的白血球並釋放至體內，反胃和整體不適的情況也逐漸趨緩了，但這仍是一趟艱辛的旅程，因為她現在仍然無法進食，所以只能透過點滴攝取營養。不過她的精神很好。醫生告訴我們，如果白血球數能緩慢地穩定上升，一切很快就會好轉！

我會向迪麗亞轉達你的愛，也會隨時告訴你最新情況。

彼得

三月八日，海瑟給彼得：

彼得，這真是個好消息。迪麗亞的情況真是讓我於心不忍，看到她那麼脆弱，我真想去看看她並在醫院站崗。但我會將眼光放遠，相信她會再次康復並回到我們身邊。每每想起她不在第十街的公寓裡，總讓我覺得世界都走樣了。跟她說我愛她。如果你需要任何協助，請務必讓我們知道。我知道，面對像迪麗亞這種狀況、擔任她的主要照顧者，是非常辛苦且疲憊的。我們好感謝你為她所做的一切。愛你的海瑟。

三月八日，蒂娜給彼得：

如果迪麗亞有力氣讀這封信的話——請告訴她，此刻的我極度想念她，因為我和書商出了點問題，現在我不知道該怎麼做，若是在過去，我一定會打給她，然後完全遵照她的建議去處理事情。我們總是給彼此建議——我們都不是那種喜歡按別人指令行事的人，但卻樂於聽命於彼此。我只能等到與她碰面時再問她了，等她恢復到她覺得比較像自己時，我們一定要好好聊一聊。

我對你們兩人只有滿滿的祝福和愛。

蒂娜

· · ·

梅芮蒂思飛回舊金山了。她以為我已經度過難關了，不過我的心智卻在退化。

在醫院裡，日子一天一天過去，我記得我會直直地盯著時鐘，看著指針滴答滴答地走著。

我在整理資料時，無意間看見剛從加護病房出來那幾天的紀錄：**病人無法辨識自己的手掌。病人無法倒拼字母。基於潛在惡性腫瘤、合併症和目前的治療情況，病人為復發與死亡之高危險群。持續密切監控化療與移植後毒性。**

類似的敘述不斷出現。**偶爾會難以說話與使用護唇膏。訪視時，病人非常焦慮，偏好請丈夫與記錄者溝通。今日，病人精神狀態改變；昨晚曾試圖爬下床；今天無法回答像「你是否覺得呼吸急促」、「你會不會餓」等問題；目光移向他處不願回答；無法進行任何交談。**

然後是三月十三日：**護理師發現她尿失禁，表示她想死。**三月十四日：**病人多次表達想要結束一切，不願回答任何問題。**

在此之前，紀錄裡偶爾會出現「病人表示她快死了」等敘述。然而，這是我第一次看到他們記錄我說「我想死」。

不知道他們有沒有正確引述我的話。我以為我是到後來才開始覺得想死。

根據范貝森醫生的診斷，我深受毒性代謝症候群之苦，由於我的身體無法排出各種有毒的副產物，這使我的大腦也連帶受到影響。這會帶來各種結果，我有可能完全沒事，也可能因此死亡。

• • •

二〇一八年三月二十六日，下午一點二十七分，彼得寫給親朋好友：

親愛的大家，

歷經四十九天的威爾．康奈爾住院治療，以及看到移植的骨髓正在製造健康血球的種種跡象後，迪麗亞明天就可以出院了！在回家之前，移植部門會讓病人住進對街的漢姆斯利醫療飯店（Helmsley Medical Tower Hotel），讓他們接下來兩週從早上九點至下午五點可以接受日間醫院的門診治療。當醫生們說「移植成功了」時，我們興奮得簡直要發狂了。不過，迪麗亞在大部分的時間當中還是很痛苦，極度疲倦且不停反胃，雖然可以開始吃點東西了，但食量非常小，所以她仍然得掛著點滴一陣子。醫生們向我們保證，恢復期就是如此。她仍然沒什麼力氣會見訪客和談話，所以你們寫信給迪麗亞時，請同時將副本寄給我，我會一一唸給她聽的。在未來的日子裡，我們一定能與你們每一個人相聚，盡情地大肆慶祝！

愛你們的彼得和迪麗亞

來自潔西：

最親愛、最親愛的彼得，謝謝你。這真是一個奇蹟。愛你們。

來自蒂娜：

一早起來就收到這個大好消息，真是太棒了！而且還是在大聯盟的開賽日。豐富滿足，感恩又快樂。愛你們的蒂娜。

三月二十六日，來自彼得的好友愛麗絲：

彼得，謝謝你的近況更新，很高興聽到迪麗亞恢復的好消息。請轉告她，如果她想要的話，我絕對會移開客廳的地毯，挑幾張好的唱片，讓我們用**跳舞**大肆慶祝吧。

她讓我看見何謂豐盛人生。

非常愛你們。愛麗絲。

來自娜塔莎：

哇哇哇！

這消息**太棒了**。

迪麗亞，**加油**！

等不及在四月拜訪你們了。

超級愛你們的娜塔莎

三月二十九日，來自茱莉亞：

親愛的迪麗亞和彼得，

這真是最美妙的消息了，迪麗亞，你超棒！

我今天拿到電子簽證了，一想到下星期就可以去陪你，就讓我興奮得不得了。我實在是等不及了。

今天，我在日落的黃昏中越過比格斯韋爾橋（Bigsweir bridge），沿著河岸前進，我看到漁船上的煤油燈使河面佈滿點點微光，他們在捕撈幼鰻（也就是鰻魚，在日本相當受歡迎）。我在途中去了托里的家，就是你見過的那位厲害的糕點師，她現在已經是六個孩子的母親了，他們住在名為弗里多姆（Freedom）、近乎垂直的陡峭山丘上。我要把一個嬰兒搖籃送去給她上星期才出生的雙胞胎。當我抵達他們家時，那畫面彷彿是《小婦人》中的場景，她的其他孩子（都不到十三歲）都相當興奮，正在洗洗切切、擺設餐桌準備吃晚餐。

我現在也在打包行李，因為波比和山姆要來過復活節，我希望我不要興奮過頭了。我會靜候指示，看要搭計程車到你的第十街公寓，還是醫院套房。

超級愛你們的

J

威爾斯的生活故事聽起來真是越來越像童話了，它宛如魔幻之鄉，你永遠無法在別處看到這樣的景象。儘管我可以出院並住進漢姆斯利，這是邁向康復的里程碑，但我可說是和世界完全脫節了。

琳達和彼得收拾著我的行李。彼得將「愛的隧道」情人節卡片從牆上取下，它保護了我們。我只能坐在床上看著他們，因為我虛弱到無法幫忙、也無法走路。雖然我過去曾經很快樂，但如今我什麼都記不得了。從二月五日到三月二十六日，我在醫院裡待了將近五十天。我連拿著手機都覺得沉重。從方方面面來看，我都不是原來的我了，幾乎無法獨力完成任何事。護送我的人來了，我被扶上輪椅，然後從一條地下通道前往漢姆斯利飯店。想到要吞下大量的藥丸，我仍然膽戰心驚，我對它們的恐懼與日俱增。我每天仍會想起威克瘤，也仍然無法進食。彼得收到詳盡的指示，教導他如何施打靜脈營養針將每部分安裝好再連到我身上，簡直是魯布．戈德堡*（Rube Goldbergian）等級的任務，這些裝置能在我晚上睡覺時繼續為我補充營養。

漢姆斯利飯店是個舒適的住處，其目的是為了服務威爾．康奈爾的病人。它的裝潢風格比較老派，同時也讓人感到寬心，隨處可見布簾和有著舒適軟墊的家具。每一天，醫護人員都會來接我，經由地下通道回到門診大樓，然後為我抽血並視情況進行輸液。我的手臂上處處可見紅斑，因為我的血小板數量仍然很低。

吉兒來看我。她是我亦母亦女的朋友，因為我崇拜她的勇氣和無所畏懼的每一趟旅行。她覺得我看起好極了。事實上，她對我的膚況大感驚奇。「你的皮膚好美啊，」她說，

* 譯注：美國猶太人漫畫家，畫了許多用極其複雜的方法從事簡單小事的漫畫，於當代大受歡迎。

「豐潤光滑，幾乎要發亮。你的皮膚跟那些花了大把銀子保養的女人一樣。」

這真是太不可思議了。我的身體已不復以往，然而繼吉兒之後，其他親友們也紛紛對我的膚況讚嘆不已。我掉了九公斤，如果不穿睡衣、換上一般服裝，我的身形至少會小兩個尺寸。怎麼說呢，顯然臍帶血幹細胞會滲入你的皮膚，讓你擁有像嬰兒一樣柔軟剔透的肌膚。應該是這樣吧。親友們還發現我臉上沒有細紋了，不過我不想再多說了。

「你之前好慘，」她說，「而且非常累。我當初只待了一下子。」我跟她提起藥丸的事，說我實在無法忍受自己得吞下好幾百顆藥丸，它們把我折磨得不成人形。

我幻想，或許我可以藉由催眠來脫離這悲慘的處境。催眠師會用鏈子吊著懷錶在我眼前晃啊晃地說：「當我從十開始倒數，你會愛上藥丸，你永遠不會把藥丸吐出來，你可以毫無困難地吞下藥丸。它們嚐起來就像你最喜歡的楓糖核桃巧克力。」

吉兒向來是個嗨咖，她說她要幫我找個催眠師，或許有人可以讓我在催眠狀態下好好把藥吞下去。不過，後來她找到的那個女人不是會搖懷錶的那種人。話說回來，有這種人嗎？吉兒找的人比較像是冥想師，但我想要的是快速的解決方案。拜託，催眠我，讓我可以吞下藥丸。最後我們只好放棄這個念頭。

三月三十日，我傳簡訊給羅伯茲醫生：

我回到了某種特定地獄，虛弱、恐懼、受創。

羅伯茲醫生回覆我：

> 你會捲土重來的，強壯、結實、狀態絕佳，而且你還會寫出最棒的劇本，屆時茱莉亞．羅勃茲（Julia Roberts）會飾演我。😇

回顧我的醫療紀錄，我如今才明白她為何會如此樂觀。我最近一次的骨髓檢測顯示，移植相當成功。雖然我的血球數仍然遠低於正常值，但它們正在攀升。不過我的身體很不聽話。

三月底，我已經可以離開漢姆斯利飯店返家休養了。我記不得自己曾對離開飯店、對坐在車子裡於市中心穿梭感到驚喜；就算回到了我鍾愛的第十街，看著在春天吐露芬芳、總是為我帶來安慰的綠蔭，我也沒有任何欣喜之情。

茱莉亞來了。她總是能讓我打起精神。但說真的，我覺得我無法和任何人有所連結。

我滑進了憂鬱的深淵。

我從來不曾在臨床上被診斷為憂鬱症。焦慮和擔憂，有。驚嚇，有。錯置感，有。悲傷，有。但我從來沒有感受過這種打從骨子底所發出的絕望——與每個人隔絕，一心只想死。現在，我只能感受到這些。

四月四日，茱莉亞抵達紐約後，她寫給蒂娜：

> 嗨，蒂娜，
>
> 近況更新：就許多層面來說，看到她真的讓我放心不少，不過我接下來所要描述的內容，同時也讓我感到害怕。這是全然陌生的領域，我想所有的健康危機都是如此吧。她失去了所有的秀髮，不過對此我已經多少做好心理準備，知道她會看起來更瘦、更脆弱。（她仍然有在攝取營養，主要是仰賴點滴注射，但彼得正試著哄她吃點正常食物，目前最成功的是果凍和桃子。）
>
> 我希望你可以理解我想表達的，我很努力地想要認同彼得所謂「骨髓移植成功」的好消息，這**的確**是好消息，然而讓我震驚的是她有多枯竭。非常、非常疲憊。比

方說，我們今天只講了兩句話，而她對於自己如此虛弱且無法進入狀況感到心煩意亂。我告訴她，絕對不需要為我費心——我其實帶了我的部分書稿來修訂，但我想，她對於自己無法像往常一樣招待我而感到沮喪。

昨天她告訴我，早知道這過程如此痛苦，她絕對不會進行移植。話雖如此，她知道現在還早，通常得花上六個月的時間才能感到自己恢復正常。

我想，我（以及你在來訪的時候）可以幫得上忙，例如採買，以及當彼得的幫手。一直以來他做得太好了，而且抱持著堅定的樂觀，但他一定也承受著極大的壓力。

我肯定，她看到你一定會精神為之一振。希望這封信對你有幫助。

愛你的茱莉亞

茱莉亞每天都出去一會兒，在市區到處晃晃，為她的小說進行最後階段的研究。她回來時總會帶份禮物給我——一條墜飾、一條圍巾，某個東西。但我只記得她待在這裡的最後一天，我突然撲通一聲、呈對角線躺在床上對她說：「我受夠了，這一切都結束了。」

茱莉亞離開時，以為她再也見不到我了。

彼得暫時出門時，會請麥蓋兒來陪我，並且交代她務必要讓我定時起身坐著，不要任憑我一直躺著。後來她告訴我：「我從來沒見過有人病得那麼嚴重。」她成功地讓我坐起來一次，不過後來因著我一次又一次地拒絕而放棄了。

四月十六日，我們到移植診所看醫生。這天VB不在，所以我們見的是彼得．阿布德彌賽亞（Peter Abdelmessieh）醫生，他和VB在過去這年一起共事。我喜歡他。他將長髮向後紮成馬尾，留著修剪整齊的鬍鬚，還有溫暖的深色眼睛、和善愉悅的笑容。他相當年輕，大約在四十歲上下。我們對他所知不多，只知道他已經訂婚了，準備要步入禮堂，這是在對話中不經意提到的。他沒有說太多關於自己的事，因為他知道我才是病人。

當他走進診間時——那是二十六號診間，也是我第一次和VB碰面的地方——我坐在那裡等著。他看到我一臉焦慮，於是問道：「你現在想做什麼？」這可不是醫生通常會使用的開場白。

我指著診療床。「我想躺下來。」

「好，沒問題。」

我蜷曲在床上，看著他俯瞰著我。

呈現水平狀態讓我感到如釋重負。阿布德彌賽亞醫生說：「我希望你不要介意，但我想你今天是無法離開醫院了。」

VB團隊裡的主治醫師梅爾走了進來，同意我應該重新住院。他離開幾分鐘後又回來告訴我們：「我們有房間可以給她。」

我知道，我是回來等死的。

• • •

我的住院紀錄上，注記著重新入院的原因：**成長停滯**。彼得說，這在醫院用語中的意思是，我正在逐漸餓死。

二〇一八年四月十七日：

嗨，彼得，

事情有按照預期發展嗎？我寫信給迪麗亞，不過都沒有收到回音，所以我不想再打擾她了。只是覺得有一陣子沒有收到她的近況，讓我有點不安。希望我的詢問不會打擾到你們。

愛你們的梅芮蒂思

彼得用正面的方式換句話說。

嗨，梅芮蒂思，

過去一週，迪麗亞在吞藥和進食上逐漸有所進展，但到了週末，她又開始把東西吐出來了。所以在昨天的門診中，他們決定她需要針對消化問題進行全面性的檢查，而且最好以住院的方式進行，所以她昨晚又重新住進了西棟十樓。我倆對此都鬆了一口氣。他們讓她補充足夠的水分，並且準備為她進行上下消化道的內視鏡檢查，以找出問題癥結。

她在補充水分後稍微打起了精神，雖然如今大部分的藥物都是用點滴注射，但她還是持續地吐。她大部分的時間都在睡覺，也因為太過疲憊，所以無法和人對話太久，不過一旦清醒，她倒是完全在狀況內。誠如你所注意到的，她並沒有在查看她的電子郵件、語音信箱或簡訊。她目前仍須透過靜脈注射攝取營養。我想，當他們找出影響消化系統的問題癥結並加以治療後，她的精神便會逐漸恢復。

這一切都發生在我們拿到完美的骨髓基因切片報告之後，結果顯示她體內**沒有**任何驅動白血病的異常染色體。這弔詭的情況的確令人抓狂。

千萬別覺得打擾到我們！或許你的陪伴與愛會帶來改變。

我會讓你知道最新情況的。

愛你的彼得

四月十七日，我寫給潔西的電子郵件：

又回醫院了。覺得糟透了。

潔西給我和彼得：

你會希望我和布萊恩去醫院探望你嗎？我們都在。

如果不方便，那就請彼得告知我們近況吧。

近況就是，這是我的人生終站了。我在飲食上毫無起色，仍然覺得反胃也不斷嘔吐。除了彼得告訴梅芮蒂思的這些化療反應，我也出現了移植物對抗宿主症狀，捐贈者的細胞在攻擊我的消化道。我的身體正在對抗移植細胞。或者應該說，移植細胞正在對抗我的身體。

為了確認這點，他們幫我做了胃鏡檢查，我必須被麻醉五到十分鐘，讓管子可以伸進我的食道，將採集的胃黏膜送去做切片檢查。

我實在太虛弱了，根本無力去了解發生了什麼事。

我打電話給喬恩，請他來醫院一趟，他馬上來了。我全身無力地躺在床上，這是我唯一能做的事。一張便椅就放在床邊，因為我連走去上廁所的力氣都沒有。喬恩是羅伯茲醫生的朋友，打從一開始，他們就在我的許可下定期討論我的情況。「請她給我嗎啡之類的東西吧。」我告訴他。其實我對嗎啡過敏，所以我想嗎啡只會讓我更痛苦，不見得會殺了我或讓我在折磨中死去，所以我說「嗎啡之類的東西」。

喬恩沿著我的床緣坐下。「你還病得不夠嚴重。」他說。顯然，醫生不能因為病人要求就殺了他。如果你快死了，醫生可以開藥讓你少受點苦，同時也讓你逐漸死亡。但我一定是快死了，如果我這樣還叫病得不夠嚴重，怎樣才叫嚴重？他和我談到憂鬱症。他說，或許在歷經最黑暗的時刻之後，我的憂鬱症便會有所起色。

喬恩和彼得私下討論過我的狀況。「我們當時的看法是一致的，」彼得說，「你的神智並沒有清楚到足以做出自我了斷的決定。你的思緒由於氧氣不足而被蒙蔽，無法清楚思考，而且你受創很深。」彼得又說：「你當時並沒有成人的心智。你不能讓一個孩子來做決定。」

我當時有服用抗憂鬱藥物——它們是我一天中必須服用的眾多藥物之一——不過它們一點用都沒有。

我一次又一次地求彼得讓我死。我躺在床上，他坐在椅子上。我虛弱地懇求他。「拜託，拜託。」

他說：「一切都會沒事的。」

我也告訴琳達我想死，這讓她心煩意亂。事實上，我讓每個人都心煩意亂。

如果有人幫我把床立起來，我是有辦法坐著的。我就這麼坐著，閉上雙眼，看著黑暗，心想這就是死亡。就這樣了。

醫生們用類固醇轟炸我，以對抗移植物對抗宿主疾病。點滴加藥丸。更多的藥丸。

四月二十三日，再度住院後的第七天，我一醒來就發現自己幾乎無法呼吸，我的氧氣濃度很低。他們透過靜脈注射所給我的液體，充斥著我的肺部，這叫做「體液過剩」。移植物對抗宿主疾病改善了，但我的治療方法卻可能使我沒命。

我必須接受氧氣治療。我沒有罹患肺炎，但我有可能會罹患肺炎，而且我相信我得了肺炎。肺炎，老人的好朋友——太好了，來吧。他們馬上把我放進一個帳篷裡，以提高我的氧氣飽和度。然後，我戴上了大大的氧氣罩。他們每分每秒都在監測我的血氧濃度（血液承載的氧氣量），也就是氧分壓（PO_2）。

彼得每天晚上都盯著螢幕，熬夜監測我的氧分壓，看著我呼吸。如果我的血氧濃度在輔助氧氣的供應下低於九十，就表示體液占上風了。「這就好像溺水一樣。」他後來說。

麥蓋兒來看我，她坐在我的床邊，就在我的頭旁邊。我們低聲交談，我求她幫助我，讓我死。我求她去說服彼得。「蓋兒，拜託，」我一次又一次地求她，「去跟彼得說，幫幫我。」

「這會擊垮彼得的，」麥蓋兒對我說，「這太可怕了。」
「噢，拜託，」我說，「很快就會有人喜歡上他了，他那麼好。」
「他是會繞著你打轉的人，」麥蓋兒說，「這樣的人不會想要在許多人頭上盤旋，這太消耗心力了，而且還得忍受許多阻力。」
「我不知道我愛不愛他。」
這也太可怕了吧？我怎麼會這樣想呢？但我真的就是這樣。他是房間裡的陌生人，擋住了我的去路。除了強烈的痛苦和尋死的欲望，我已經切斷所有感覺了。
「我不愛他。」我說。
「你不知道你現在是什麼感覺。」
「我不知道自己還會不會有感覺。」
「情況會改變的。」麥蓋兒說，她也跟喬恩一樣和我談起了憂鬱症，在你覺得毫無指望之時，事情會有所突破的。說真的，我根本沒在聽。我想死，但沒有人要幫我。
親愛的彼得。他引導我，守護我，徹夜未眠地看著我呼吸，在這六十多天來，檢視醫生所下的每一個指示，而我竟然說「我不知道我愛不愛他」。這是憂鬱症，徹底地切斷連結。

我現在明白自殺是怎麼回事了，也明白人們怎麼會拋下家庭、愛人、朋友、孩子。我一心只想朝著黑暗、朝著那空白的螢幕而去。

麥蓋兒後來告訴我，通常只要彼得說點什麼正面的話，例如我情況好些了，我就會不耐煩地反駁他：「你又知道了？」他會微笑著說：「我們只能等著瞧了。」他展現出**你有這種感受也沒關係**的態度，也不跟你硬碰硬。我則是一隻骨瘦如柴、生病又憤怒的動物。我野化了。

麥蓋兒在走廊上和彼得嚴肅地談過一次。她再次告訴他，她從來沒見過像我病得那麼重的人。他向她保證，若不是他真心相信移植成功，他絕對不會讓我繼續受苦。**成功的移植就是這樣**。當醫生們如此告訴彼得時，他相信了。他不斷地監測我的各項數值、紅血球、白血球、血小板。雖然我病得更重了，但我的骨髓是健康的，我的數值在攀升。

有些醫生可以幫助我，讓我死。我請彼得問問庫爾特醫生，也就是我的內科醫生，是否願意來探望我。

彼得給庫爾特醫生的信：

親愛的貝琪，

迪麗亞現在在威爾・康奈爾醫院的骨髓移植中心，目前已經成功移植完六十幾天了，但卻面臨幾個具威脅性的併發症。她此刻非常害怕，同時也極度希望你能夠盡快來探望她。我一直隨侍在側。

衷心感謝。

彼得和迪麗亞

庫爾特醫生一下班就來了。蕾貝卡・庫爾特（Rebecca Kurth）醫生約莫五十多歲，她處事一向很有魄力——是一個頭腦清楚、深思熟慮、謹慎嚴格的醫生。她所展現出的決心，讓我不禁猜想她是不是每天都會跑個八公里。事實上，她就像是個能夠調兵遣將的軍隊指揮官。她曾對我說過：「我有時候講話很直，如果太直接了，請讓我知道。」我對她的坦承印象深刻，同時也自此喜歡上她。她已經照顧我好多年了。傑瑞過世那天，她在凌晨三點半來到我的公寓，在臥室裡陪我坐了好幾個小時，等待相關人員把他的遺體運走。當我接受第一次化療時，庫爾特醫生也是我們醫院婚禮的座上賓。

當我向她表達我對死亡的渴望，她和我談到「再造」或「再生」。我完全記不得是哪個詞，她也是。「當我坐在你身邊、鼓勵你不要放棄的時候，腦海中一定想著某個詞，」庫爾特醫生說，「我在我的資料庫裡尋尋覓覓，翻出某個能夠讓你有所共鳴、賦予你強大力量的詞彙。我知道你需要一個你所信任的人，告訴你不要放棄、真的還有希望。」

庫爾特一次次向我堅稱，我將浴火重生、更加強壯。我請她來讓我走上絕路，但完全行不通，而且還得到相反的答案：重生，不要投降。她真的是最正面、最好心的人了。

四月二十六日，我再度入院後的第十天，一切都崩盤了。氧氣治療仍然持續著，而胸腔科醫生建議進行支氣管鏡檢查，確認我的肺部是否有黴菌感染的情況。

我拒絕了。我並非堅定地拒絕他，而是瘋狂地說：**不要，不要，不要，不要。拜託，不要。**支氣管鏡檢查需要在麻醉後進行插管，而且我有可能在檢查過程中死亡。我不想要被插管，不論這涉及什麼步驟，我都不要。我再也不要接受任何治療了。我受夠了。

那是極其混亂的一天，許多朋友都來了。憂心忡忡的潔西來看我。焦慮痛苦的琳達雖然照顧著我，卻覺得相當無助。娜塔莎從加州飛來，剛和想要為她出書的編輯們開了一整天的會。對她來說，那是極其興奮的一天，但我不記得她當時有沒有和我分享這件事，因為死亡才是房間裡的主角。彼得諮詢了胸腔科醫生，她無法保證我能全身而退，我的確有可能在檢查中死亡。於是他告訴她，我們拒絕檢查。

「我不要你插著管子、無意識地死去。」彼得後來告訴我。「不過，我做的任何決定，一定都是團隊決定。我和范貝森醫生一起做了這個決定，他是同意的。好的醫生知道如何在科學中衡量得失。VB不知道你是否有黴菌感染，但他認為既然機率很低，那我們便不需要冒著死亡的風險進行這項檢查。」

我瘋狂又重病，而且一心求死。話說回來，看看我有多混亂：我想死，但是我不想要插管而死；我拒絕可能致死的檢查，同時又乞求他們殺了我。

當彼得承擔起各種行動方案的責任、尋索所有可能性時，我對他所歷經的一切渾然不覺，甚至漠不關心。我受夠各種檢查了。

一名護理師走了進來，站在床尾對我說：「所有的護理師都認同你的決定，覺得不要做支氣管鏡檢查比較好。」

他們都認同我？我驚訝不已。這完全出乎我的意料，我甚至無法回話，就只是盯著她看。她的意思是，既然我都要死了，這樣做才對，何必大費周章做檢查呢？或者，她的意思是，這檢查根本沒必要？無論是何者，表示他們都站在我這邊，而且連護理師都加入討論，這真是太驚人了。

娜塔莎回憶起那天：

當你嚷嚷著「我就是想死」、「我想結束一切」、「我再也承受不了了」時，潔西和彼得非常冷靜，同時為你設下界線。你就好像一輛偏離道路、橫衝直撞的汽車，每一次你這麼做時，他們就會升起護欄，讓你回到正軌。從這方面來看，你就像是小孩在鬧脾氣一樣。我還記得自己被你的直接嚇了一跳。我進到病房裡，坐在你的床邊——我戴著口罩和髮罩——我好像還握著你的手。他們會讓我離你這麼近嗎？總之，我很努力地忍住不哭，不被你動搖。我記得你直直地望著我，告訴我，你真的很想死。你很沮喪，而且身體來回地扭動著，像是小孩做惡夢一樣，翻來覆去。你還告訴我，你累了，所以我該離開了。你變得極度就事論事，完全不會委婉地說話——就像孩子一樣。

彼得的穿著就像平常一樣，深色長褲配上藍色還黑色的POLO衫，腳踏網球鞋。他很沉穩，但他看起來很疲憊。看著他空洞的眼神，我心想：「誰來照顧彼得？」因為他也需要安慰、支援和支持。他從頭到尾都沒有動搖過（至少就我看來，在我們的信件往來、電話溝通或那天我們站在你病房門外談話的時候，他都是如此），他深信你會撐過去的。這個腸胃感染的狀況的確是個問題，不過他說，一旦他們找出問題的癥結與有效的治療方式，你就可以出院回家並繼續休養康復了。他說的話、他表達的方式，讓人覺得非常安心。他無疑是我們都需要的燈塔，在這段可怕的經歷中指引你的朋友們，尤其是指引你。

同樣是四月二十六日，那天早上，我傳訊息給羅伯茲醫生：**請讓我走。我再也沒辦法吞下任何一顆藥丸了。拜託。**

在這場的混亂中——娜塔莎強忍著淚水；琳達淚眼汪汪，覺得我瘋了；潔西和彼得試圖將我導回正軌；我則是拒絕進一步治療並不斷求死——這一切一路持續到傍晚，羅伯茲醫生來了。身穿白袍、腳踏高跟鞋、耳環與項鍊襯著及肩黑髮的她，看起來仍和平常一樣時髦且充滿魅力。「發生了什麼事？」她的語氣聽起來彷彿完全不知道我為什麼發狂。

我直言不諱地全盤托出。我有多難受，我不要做支氣管鏡檢查。我想死。我再也無法吞下任何一顆藥，我再也無法吞下任何一顆藥，我再也無法吞下任何一顆藥。我一而再、再而三地說著這句話。我想死。

我所說的內容看似激烈，但我其實已經形容枯槁，如同破抹布般地癱在床上，無法自行站立，甚至難以坐起身來。我的聲音充其量只是悄聲低喃。羅伯茲醫生聽我說話。「給我四十八小時，」她說，「如果我有所進展，就再給我四十八小時。」

接下來我只記得，我從睡夢中醒了過來，整個房間似乎變得明亮友善許多，我也沒有連接著氧氣機。彼得就坐在房間的另一頭，看起來疲憊但仍舊帥氣。我的憂鬱症消失了，幾乎就像是魔術一樣，彷彿有人把魔杖一揮，讓我當下就知道自己正在痊癒。**給我四十八小時，如果我有所進展，就再給我四十八小時**。結合了盼望和終局的一句話。我常常想起它。我離終點是如此之近，以及她是如何看重我的痛苦，但仍相信他們可以救我。

我完全不知道她和ＶＢ是如何治療我的。後來是彼得向我解釋，他們用了最高劑量的利尿劑，將我肺部裡所有的體液都排出來。彼得徹夜守在我身旁，看著我的氧氣濃度，追蹤我的氧分壓，祈禱它不要往下掉。「如果它往下掉了一點，我會調高氧氣量，並告訴護理師我做了什麼。」

「這過程持續了將近四十八小時，」彼得說，「直到護理師進來說，『我們將氧氣調低一點看看』。她調低之後，你的血氧濃度沒有降低。」他搖搖頭，感到不可思議。「你的血氧濃度維持在原本的百分之九十五，這真是讓我們大大鬆了一口氣。而且你的肺部沒有任何其他問題，表示當初的評估是對的。那一刻真是太棒了。」

護理師們測試了一段時間，發現我的肺部一切正常，而且不論羅伯茲與范貝森醫生用了什麼方法，它的確有效地清空了我肺部的體液，也治好了我的腸胃問題。我再也不需要氧氣機了。套句醫院用語，我可以再次自行呼吸「房間裡的空氣」了。

•　•　•

大概也是在這個時候，彼得的女兒米莉娜生下了一個小女娃——這病房以外的世界幾乎於我無關，我甚至記不得那時是幾月幾日。現在，我知道當時是四月二十五日。其他人的生活經歷了許多重大事件，但這一切似乎都發生在另一個太陽系。

然而，如今我的狀況逐漸穩定，憂鬱症消失了，我也不再恐懼了，而且蒂娜從加州飛來看我。

就在她抵達時，我也再度開始進食了。我如今不那麼害怕藥丸，靠著蘇打水把它們一一吞下。「我記得你總是得吞下很多藥丸，」蒂娜說，「護理師會輪番進來告訴你，『現在要再吃兩顆』。而你會說：『我一定得吃嗎？』你當時看起來糟透了。」她又說：「你當時不僅光著頭，而且皮膚蒼白，瘦得只剩皮包骨。」

蒂娜來看我，不是件容易的事。她已成年的女兒有身心障礙，所以她得費盡心思、安排各路幫手，才有辦法離開家。能夠看到她，我真的很開心。我的精神逐漸恢復了。在確信我的情況好轉後，彼得決定去舊金山待個幾天。可以見到他剛出生的孫女，讓他相當興奮，不過他仍舊捨不得離開我。

「若不是你脫離險境，我是絕對不會離開的。不過現在你可以呼吸、進食，所以把你交給蒂娜，我就放心多了。」彼得引述VB的話：「當骨髓移植成功時，其餘的部分也會漸入佳境。」

一切都漸入佳境。

水煮蛋。我不知道為什麼，就是很想吃水煮蛋。

蒂娜每天早上來醫院看我時，會為我帶兩顆水煮蛋。我喜歡。我可以嚐到它們的味道，也不會把它們吐出來。看到這兩顆蛋，我很興奮。我開心地剝著蛋殼，把蛋放進口中咀嚼著。不久後，我問VB，我一天可以吃幾個水煮蛋。他說：「六顆。」我想，就算我一天吃八到十顆，他應該也不會說什麼，我確定他知道這只是短暫的狂熱罷了。不過，聽到我問的問題，他似乎有點驚訝。

蒂娜是個鎮定的人。說真的，我猜她對我的評價應該會有意見。但她做事真的很有條理。她總是從容冷靜，深思熟慮，面對我們兩人最喜歡思考的事——人們行為背後的原因——她不僅對此有深入的思索，更是用文字將其表達出來。她讓我感到平靜。

我和蒂娜討論著她剛開始下筆的小說，一聊就是好幾個小時。我的大腦恢復運作了，能夠協助她使小說成形。過去，我們總是天馬行空地為彼此的作品腦力激盪。能夠再次專注於某事，對書中的角色、劇情感到興奮，激發她創作的火花，回報每個人在過去這段日子裡向毫無貢獻的我所傾倒的愛與關懷，這感覺實在奇妙。

「我們聊著聊著，」蒂娜說，「你就會說『我得閉上眼睛了』。」

我們從附近的一間義大利餐廳點了晚餐，請他們送到醫院大廳，蒂娜再下樓去拿。我也吃了少許番茄義大利麵，以及一小塊魚肉。沒有很多，但至少吃了一些。

我和蒂娜已經有三十八年的交情了，她和傑瑞也很熟。在過去這麼多年裡，生活中的每件大小事，我都會和她商量。不過，我們現在竟能一天花上八到十個鐘頭在病房裡共處。蒂娜說：「我們那週共處的時光，就是真友誼的精髓。這就像是我們一起踏上一段旅程，使我們的友誼更加深刻且意義非凡。」我想，是我的脆弱，導致她必須協助我許多日常瑣事，不過最主要的原因，是我們長時間共處的時光。有目的地對話，深刻地交談，漫無目的地閒聊。沉默不語。睡覺。是的，即便多年來我們總是煲著電話粥，一頓午餐可以吃上老半天，但我們進入了另一個層次的舒適與寬心。

當她抵達時，我還無法獨自下床。然而五天後，當她準備離開時，雖然她得在旁邊看著我、協助我走進廁所，但我已經可以獨力起身離開床鋪了。物理治療師喬和潔西卡幫助我站立並左右搖擺，這動作對我而言相當困難。潔西卡會將便利貼貼在地板上，要我踩著它們前後踏步。我的力氣非常小，也毫無肌力可言，但我可以開始使用助行器了。在蒂娜的協助下，我成功地走到了看似漫長的走廊盡頭，透過窗戶望著東河上的拖船、駁船，以及偶爾出現的觀光遊艇，欣賞著波光粼粼的水面，還有橋上的車水馬龍。

「過去這週帶給我好多盼望，」蒂娜說，「每一天，你都進步好多。」

•••

在我住院的最後幾天，不知道是在彼得看著我的血球數時，還是不經意瞄到化驗結果時，我和彼得發現，如今我的血型是A型了。

A型。我突然意識到這件事。

過去我一直是O型，我的骨髓這輩子總是製造O型的血液，但現在新的骨髓所製造的是A型血。移植改變了我的血型。這太令人震驚了，絕對是一件讓人大吃一驚的事。我的血型改變了。

聽起來根本不可能，卻千真萬確。從O到A。沒有比這更能代表我所經歷的巨大轉變了。

・・・

二〇一八年五月十二日，早上九點三十二分，我傳給羅伯茲醫生的簡訊：

我覺得一切都很順利。回家！

第七部　歸處
Home

二〇一八年五月十二日。

以如此虛弱之姿回到我所愛的公寓，不禁讓我近鄉情怯。「嗨，山姆。」彼得推著坐輪椅的我穿過大廳、進入電梯時，我愉快地跟門房打招呼。山姆說：「嗨，伊佛朗女士。」僅此而已。我沒有解釋我去了哪裡。從我上次短暫的返家，不難看出我生著病而且做了化療。柔軟的編織帽遮住我的光頭，而且我骨瘦如柴。我正邁向死亡還是痊癒？我不知道。

一看見我們的臥室，我的心情便愉悅了起來。薄荷綠的牆面，那塊花邊繡著鳥兒圖案的桌巾（我用一條編織地毯跟諾拉換來的），以及甜甜的淡紫色帆布小床。我得處理一下這張床，因為我無法讓甜甜空蕩蕩的床直盯著我看。但我喜歡這張床，也喜歡想像她就在我身邊。陽光灑進室內，我和彼得依偎在一起。

移植物對抗宿主疾病有可能會以可怕的新面貌捲土重來。因為心房顫動的關係，如今我中風的機率增加了——我不知道我是怎麼知道的，而且化療可能會導致我的皮膚出現黑色素瘤。在歷經這一切之後，我仍有可能再次得到急性骨髓性白血病。總之，一堆麻煩事。**我該害怕的是白血病，不是治療**。我對抵抗病魔的恐懼，就和我對移植成功、倖存下來的強烈盼望一樣多。

我的免疫系統仍然非常脆弱，而且未來一年都將如此。我不能接觸嬰幼兒，所以海瑟的小洛文仍然無法來看我。我得繼續遵守所有的飲食限制，不能去戲院，也不能上館子、搭地鐵等。

我活在遲暮之年。

我無法不靠助行器走路，而且也走不遠，更缺乏獨自站立所需的力氣和平衡感。醫院建議我在他們的復健中心住五個星期，不過這超出我的負荷。透過老人醫療照護保險，我們面談了兩名物理治療師，我想我的保險可以給付幾個星期的支出。沒有人可以在短短幾週內就從如此衰弱無力的狀態下恢復，而政府在此過程中能提供的協助之少，令人震驚。

我們聘請了威爾．康奈爾復健中心的物理治療師潔西卡．薩皮科（Jessica Serpico）下班後來協助我，一週五天，每次一小時。沒有時間可以浪費了，我在趕時間。我也滿心感激潔西卡沒有向我們收取高額的費用。

二十六歲的潔西卡真是太棒了。高挑、自信、老練、風趣、輕鬆，而且非常專業。每天早上，她會傳簡訊給我，跟我確認我們下午的預約。當她抵達公寓大門時，她會再度傳簡訊給我，表示她到了。她一向準時，一分鐘都不浪費。她知道如何使我七十三歲的每一寸肌肉恢復原狀。

她和羅伯茲及范貝森醫生完全同一陣線，幫助我活下來。醫學讓我可以回家，而她將幫助我重返世界。

我的手臂仍然因為血小板數值稍低而出現點點紅斑。雖然它們漸漸消散了，但還是會有幾個新的斑點不時冒出。我每天都會檢視自己的手臂，認為它們是壞消息的警訊。我甚至會給彼得和潔西卡看剛出現的紅斑。他們向我保證，這很正常。

除了身體上的諸多限制，我在心理上也尚未恢復。我與人相處時會感到焦慮、心裡充滿不確定感——而且我也不想與太多人接觸。關於我的病，我應該透露多少？他們會想要聽嗎？他們會不會不知道如何和我互動？我覺得自己與世隔絕，同時也很脆弱。一想到無所不在的病菌可能會讓我一命嗚呼，讓我緊張又焦慮。

基本上，我得從頭學習每件事情。我毫無肌力，一點都不誇張。我拿著不到二點五公斤的啞鈴，卻覺得他們彷彿有一噸重。

我得學習如何從坐到站。一開始我需要雙手輔助，然後再學習單靠腿的力量站起。更困難的是，我得學習如何在地板上以坐姿站起來。當我坐在地板上試圖起身時，我覺得我乾脆這輩子都躺在地板上算了。然而，當我不斷嘗試再嘗試，然後突然成功時，那種感覺真神奇。一次又一次，一次又一次。

我以前只要花十五分鐘，就可以走到西村（West Village）。現在，在助行器和潔西卡的陪伴下，我可以用極緩慢的速度走到街角那間非常美麗的花店。一直以來，我都很喜歡它的櫥窗——充斥各種繽紛，訴說著四季和節期。我不能買花，因為我仍舊不能靠近鮮花，但它們在我眼前綻放：紫丁香、秋牡丹、貓爪草、鬱金香、水仙花，它們看起來是如此地不可思議，不只是因為它們美麗精緻，同時也因為它們代表春天。它們告訴我們，我們又度過了一個冬天。在歷經邪惡的寒冬後，我活下來了。

多年來，我在第十街上看過許多使用助行器的人。老人，生病的人。過去，我為他們感到遺憾，所以通常我會別過頭去。如今，我為自己之前缺乏欣賞與同理心感到後悔，甚至震驚。此刻我成了虛弱無力的那個人，他們或許看著我，或許避免看著我。我得鼓起勇氣，我必須「承認」，這就是我。我告訴我自己，沒關係，**如果你看到我的脆弱，我希望你能對我的勇敢產生敬意**。

幾週後，我已經可以一路扶著牆壁、椅子或桌子，走到房間的另一頭了。潔西卡稱之為「家具走路法」。我們的樓中樓公寓裡有一道階梯，它不是螺旋狀的，但它的確有個棘手的轉彎，我不知道我要怎麼靠著它上下樓。幸好，我們家在樓上樓下各有一個出口，所以若要從臥室到廚房，我可以走出公寓，搭電梯到樓下。

有一天，我突然可以自己走路了。

又有一天，我看著樓梯，心想，**我可以走下樓**。我做到了。更神奇的是，過幾天，我可以爬樓梯上樓了。

• • •

我的身體越來越有力氣，不過我不寫作了。在我生病這段期間，我手上的兩份劇本計畫也無疾而終。我不覺得自己能夠坐在工作室的電腦前想出任何題材。這對我影響甚鉅，因為我生來就是要寫作的，這關乎我的心理健康，是我的安慰。但寫作已離我遠去了。那一大部分的我，已經在小船中隨著水流越飄越遠了。

彼得是我極大的安慰。我的大腦或許不那麼靈光，而且可能再也無法寫作了，但在人生的這個季節，我們竟能找到彼此，每每想到此，我總是讚嘆不已。

彼得很快就甩開了醫院的那些痛苦，不去想它們。我不知道他是怎麼辦到的，但他在情感上一向很堅強。他說，他的韌性來自於走過母親猝死後的傷痛、他所受的醫學訓練，以及多年來承擔病人們的創傷重擔。我需要找人傾訴我的創傷——我仍然會想著威克瘤，我總覺得自己在生活上很笨拙，我害怕獨自出門——而他總會聽我說。不過他也總是注意到我的進步，並不斷在這方面提醒我、鼓勵我。隨著日子過去，我的胃口越來越好，身體也強健了起來。朋友來探望我，我很享受與他們共處的時光。彼得也很高興；他說，我出院後的這幾個星期裡，看著我逐漸痊癒，讓他欣喜若狂。

我是如此幸運，有彼得和摯友陪同我踏上這趟旅程。因為他們知道我歷經了什麼，我也因此沒那麼孤單。在我和每個人之間，有一道鴻溝，我所愛的親朋好友和工作往來對象，都在鴻溝的另一端，因為創傷會孤立一個人。我想到了諾拉。我不知道為什麼我還活著，我的姊姊卻死了，這讓我內心充滿了罪惡感和困惑。我活著，她死了。這看似不可能，但顯然發生了——雖然我也無法完全肯定自己是否能活下去。

我不斷地檢視各種事實。當我姊姊生病時，單倍體臍帶移植法尚未問世。如果當時已經有這種方法，她會選擇移植嗎？她會因此活下來嗎？我永遠都不會知道答案。我希望她能擁有這種機會、這種選擇。由於她決定不要受苦，所以在研究過骨髓移植、尋找配對骨髓後，她最終決定不走這條路。

我不是我姊姊，我的白血病也不是她的白血病。除了我們的疾病在顯微鏡下呈現不同樣貌外，我們選擇度過生病期間的方式也不一樣。我讓自己被朋友環繞，她則傾向不要透露任何消息。身為名人，公布這樣的消息要面臨更大的壓力，和一般人的考量是不同的。她研究了所有相關科學知識，也諮詢了許多專家。她曾經是一名記者，那是她事業的起點，而且記者會搜集需要知道的所有資訊並加以分析。我不一樣。我所寫的東西主要來自內心，所以我盡量不去研究這些資訊。姊妹之情有時候是很糾結的——她和我之間的界線不總是一清二楚，諾拉總愛說我們「有一半的腦子長得一樣」——然而當我們生病時，我們顯然相當不同。

我知道，治癒白血病的過程，在心理與生理上都讓我完全耗竭，所以我需要每一份友誼，好支持我繼續走下去。即便諾拉已經不在了，但她仍透過我們的朋友與我一起歷經這趟旅程。琳達——她幾乎每天都陪著我——曾經為諾拉工作，然後又為我們兩人工作。潔西和喬恩也是諾拉的朋友；諾拉過世後不久，他們也成了我的朋友。我和梅芮蒂思之所以在三十五年前相識，也是因為諾拉。「你一定要見見我妹妹。」我和傑瑞搬到加州時，諾拉對她說。

還有彼得。我十八歲時，我姊姊撮合了我們兩人。

•
•
•

在緩慢的恢復過程中，我開始想念活著的滋味，渴望生活中小小的樂趣。如果我能保持健康，我很快就能和朋友在布維特餐廳享受翻轉蘋果塔和卡布奇諾，也可以和彼得與朋友們在餐廳吃飯。我可以去我愛的安蒂諾里餐館，就在附近。我們可以在社區裡散步好久好久。我不僅等不及要回到戲院，也想去搭地鐵。不過，在期待這些小確幸的同時，光是觀賞溫布頓網球錦標賽就夠讓我開心了，我和彼得坐在沙發上，吃著放在鋼琴椅上的晚餐，一起為納達爾（Rafael Nadal）加油。或許潔西和布萊恩會願意和我們一起看網球。

• • •

每週兩次，我會去范貝森醫生的診間報到，然後是一週一次，後來變成兩週一次。當我第一次操縱自如地使用助行器抵達診間時，得到了醫院人員們大力的讚美，我自己也覺得很自豪。VB向我保證，那些紅斑很正常。在歷經治療後，我的聽力退化很多，「什麼？」現在成了我的口頭禪。我向VB提起這件事，他說：「上一次你問了我兩次『什麼』。」我心想，**天啊，還真是什麼都逃不過他的眼睛**。他真是一位細心的醫生。我決定再觀察一段時間，看看是否需要處理我的聽力問題。若是可以，我吃的藥越少越好。

他告訴我，接下來的幾個月裡，我需要重打每一支疫苗。麻疹、小兒麻痺等林林總總一大堆嬰兒疫苗，因為我自小獲得的免疫力都不見了。

「你現在還寫作嗎？」他問我。

「沒有。」我說。

我沒有說我**再也不寫了**，不過我當時的確是這麼想的。

VB逐漸降低我的服藥量。光是提到這點，都能讓我喜極而泣。我不知道他是怎麼追蹤那麼多藥物的，還有它們的效能，以及彼此之間的作用關係。一直以來，這些藥丸殘酷地折磨我，但現在他要減少它們的數量。剩下的幾種藥是我完全可以忍受的，主要是因為它們的數量真的很少。每天早上，彼得會把它們放在小小的碟子裡，我可以輕易地配著優格將它們吞下肚。

我開始更認識范貝森醫生了。我第一次上網查詢他的資料，並且問他一堆問題。他是十個孩子裡排行最小的么兒。他以一貫謙虛的態度向我解釋，他之所以當醫生，是因為家裡的每一個人不是工程師就是醫生。而他說：「我沒有當工程師的天分。」他會說五種語言：英語、法語、荷蘭語、德語、西班牙語。他在比利時讀醫學院，於荷蘭取得研究所學位，然後再至布魯日（Bruges）和印第安納大學（Indiana University）擔任血液學／

腫瘤學研究員。他曾在美國許多不同醫院任職：在來到威爾．康奈爾負責幹細胞／骨髓移植計畫之前，他曾任休士頓安德森癌症中心（MD Anderson）的移植計畫教授，也曾指導過芝加哥大學的移植與淋巴瘤計畫。這些移植領域的專業用語，大概有一半是我完全不懂的字，但他不只能用不同語言買咖啡——他還能用不同的語言行醫。我已經學法語很多年了，但我的口音還是很重，說起話來根本就像在搞笑——在我看來，他的能力實在令人難以置信。他一直致力於研究與實驗這些治療血癌的解方，其中就包括救我一命的單倍體臍帶移植法。他享受與病人互動，總是以尊重的態度與他們對話。「急救醫學絕對不適合我。」他說，因為在移植治療下，他可以與病人建立多年的關係。他相當忙碌，忙著研究解藥和救人性命，然而，他仍願意花時間讀我的小說《錫拉庫薩》。他知道我是誰，不僅僅是因為他再造了我的骨髓，而是他願意花費心力去認識我的腦和我的心。

• • •

二〇一八年六月五日，我傳給羅伯茲醫生的簡訊：

只是想讓你知道，每一天，我都覺得自己更強壯、更快樂了。

二〇一八年六月十六日，我在另一次骨髓切片檢查後寫給羅伯茲醫生的電子郵件（她在斯德哥爾摩參加研討會）：

VB說，我的骨髓型態很好，沒什麼需要擔心的。那是星期四的事。我連問了他兩次是否確定，他的答案是肯定的。還有少數幾個遺傳學數據還沒進來，不過一切都很好。我真的覺得如釋重負。我衷心期盼你也這麼認為。

除了上Google查詢，我完全不知道「骨髓型態」是什麼，我也不知道自己怎麼會在信中講得如此自然。

羅伯茲醫生回覆我：

太棒了！我希望你正穿著你的「別煩惱，快樂點」T恤！恭喜你，我們下次見囉！明天我就要飛回去了。

六月二十八日，我寫給羅伯茲醫生：

只是想告訴你，我的血球數很好。我現在可以爬上公寓裡的樓梯，也可以走好一段路了。

見完VB後，我和彼得到三樓另一端、羅伯茲醫生的診間找她，只是想跟她打個招呼。我略帶欣喜地跟她說，我已經好一陣子沒有出現嚴重的紅疹了。嚴重紅疹是移植物對抗宿主疾病的主要症狀。

「噓。」羅伯茲醫生說，彷彿怕我話說得太早。

• • •

麥蓋兒要搬家了，她和瑪蒂要帶著毛奇要搬到奈亞克（Nyack）。怎麼會這樣？誰會想要離開第十街呢？想到此就讓我傷心。在我進行移植約莫一年前，瑪蒂從紐約大學社工系教授和社工師的職位退休了，麥蓋兒最近也開始減少看診人數。麥蓋兒認識我們公寓裡的每個人。我在生病時緊緊地抓著她，但我想我只是仰賴她的智慧與心靈的許多人之一。我還是很難為自己的重獲新生感到喜悅，於是一直向她傾訴我那幽暗的憂慮。

「這一切還是有可能化為泡影，」我說，我無法讓自己更正向，只能絕望地說，「我沒辦法享受當下。」

麥蓋兒告訴我，她不明白我的意思。「對每個活著的人而言，恐懼是生活中的背景雜音。」她說。

換句話說，恐懼會一直在那裡，你是無法逃離的。

我很早就學會這門功課了。在與我母親同住的歲月裡，我學會了這件事，因為她讓我心生畏懼。打從十一歲起，每天晚上我都膽戰心驚，因為我的父母會爭吵、咆哮，我酗酒的母親像被鬼附身似的發瘋狂癲、大吼大叫、摔門而去。我會用手指塞住耳朵，偷偷稀釋她的酒，將枕頭蓋在頭上，躲在毯子或床底下。每一天，我都擔心著當天晚上會不會出事，而結果通常是肯定的。當我們剖析每個人的人生經歷，會發現人人都活在過去經驗的陰影下並受其影響，而我在幼時就已經慣於活在恐懼和擔憂中了。我的大腦很熟悉那種感覺，不論眼前如何光明、不論我擁有多少愛和健康，我總會朝著那個方向去。

我和茱莉亞之間的友誼教會我一件很特別的事：並不是每個人都像我一樣，時時刻刻都在憂慮。她就不是如此。茱莉亞是個陽光女孩，她沒有受過心理創傷。邪惡的帕金森氏症正在使理查緩慢地退化——他一而再、再而三地跌倒，最近，他甚至接連跌斷了手腳。情況很慘烈，她也跟著受苦，但她從未陷入焦慮。恐懼不是她童年時期的朋友。她會感到恐懼，但她也懂得放手。不過我被制約了，我的大腦為恐懼預備了棲身之所。

• • •

到了七月，我只需要每三週去見一次VB。每三週一次！我自信滿滿地走進醫院，如果可以的話，我想我還能跑呢。我的頭髮也開始長出來了，短短的，很酷。尤金幫我修剪得很有型，麗莎和瑪麗認為我看起來很像一名法國電影女演員珍．茜寶（Jean Seberg）。會說出這種話的朋友，你怎能不愛她們呢？在七十四歲的時候（我從來沒想到能活到這把歲數），竟然能看起來像珍．茜寶。

自從我在二〇一七年三月——也就是十六個月前——被診斷出白血病後，我歷經了住院或者每週至少造訪醫院一次的生活，通常是為了要輸血。現在我再也不用輸血了，我的身體可以自行製造健康的血液。能夠正常生活，讓我欣喜若狂。

七月二十六日，當我和彼得見完VB後，我們走到長廊的另一頭去和羅伯茲醫生與她的團隊打招呼：娜塔莉、伊夫尼和瑪麗。在驚呼連連下，我們開懷地笑著擁抱彼此。他們很開心能夠看到我，看我這麼健康，他們非常引以為傲。

二〇一八年七月二十六日晚上，我傳給羅伯茲醫生的簡訊：

我回顧了移植期間我們的簡訊往來。我實在難以想像，你是如何幫我度過難關、把我從最深的黑暗中拉出來的。「給我四十八小時，」你說，「如果我有所進展，就再給我四十八小時。」看看我，現在的我可以上下樓梯，我的味蕾回來了，我的血球數在上升，我的人生回來了。今天看到你實在太好了（以及你的那些神隊友）。VB是一位極為出色的醫生——他真的太棒了，你們倆都極具天賦和直覺——我被你們照顧得很好。文字實在難以表達我的感謝，但我還是想要說，謝謝你。

迪麗亞

•••

二〇一八年八月二十日，來自伊琳斯·馬汀的電子郵件：

嗨，

希望你一切都好。你當初沒有讓我成為你的幹細胞捐贈者是正確的。我今天去看了血液科醫生，發現我的白血球數有點高，而且她相當肯定我罹患了慢性淋巴性白血病。我想我們之間的連結又更有趣了。

愛你的伊琳斯

收到這封電子郵件，讓我震驚不已。

慢性淋巴性白血病是一種溫和的白血病。患者可能活上許多年卻不須接受任何治療，不過它終究是白血病。我還記得伊琳斯當初相當慷慨地答應骨髓捐贈的請求，不過羅伯茲醫生和梅芮蒂思建議我不要找她進行測試，還好當初她們勸退了我。假設伊琳斯和我彼此吻合，而且她成了我的捐贈者，事情會如何發展？

我和伊琳斯仍持續保持聯絡。我很高興她的疾病控制得宜，不只如此，她還陷入熱戀了呢。

• • •

九月的時候，我被允許可以搭飛機了。在接受移植後至少一年內，我必須遵循各種限制。不過相較於看電影、上戲院、去餐廳用餐，尤其是和小孩相處，VB不認為搭飛機比上述活動更危險。他告訴我，飛機裡的空氣是流通的。我們在使用機上托盤前，要用消毒紙巾將它們擦拭乾淨。彼得的孩子得遵守許多指示，例如任何有點鼻涕的人都不能靠近我。在時時刻刻都在擔心對方會離我太近的情況下，我實在無法好好認識孫兒女，也沒辦法和彼得的孩子成為朋友，不過我們和梅芮蒂思、她的伴侶史蒂夫倒是共進了一頓美好的晚餐。我越來越喜歡聖拉斐爾了，我們公寓附近有間「木蘭公園廚房」（Magnolia Park Kitchen），它的中式雞肉沙拉實在是美味極了。香氣咖啡店（Aroma）的卡布奇諾是用格菲奧（Graffeo）*的咖啡豆磨製的，風味絕佳。星期天，馬林郡市政中心（Marin County Civic Center）附近的大塊空地上還會有很棒的農夫市集，我從來沒看過那麼多品種的桃子和李子，全都可以試吃，還有我最愛的金太陽小番茄、各式各樣的異國蔬菜和萵苣、烘焙食品、當地產出的奶油。市政中心本身就是一棟引人注目的美麗建築，出自於法蘭克．洛伊．萊特（Frank Lloyd Wright）**之手。

彼得買了一隻棒球手套給我，我們開始在公園丟接球。

打從五月起，我的身體狀況便持續地穩定進步，所以我們的日子過得很愜意。不過某天早晨，我一醒來就覺得偏頭痛。

我從來沒有偏頭痛過，不過從那鑽鑿眼窩的刺痛感，我馬上就知道這是怎麼回事，絕對是可怕的偏頭痛。我的頭痛直到晚上仍不見緩解，而且持續了好幾天，甚至讓我在車上吐了。直到目前為止，雖然我的疾病讓我虛弱且心生恐懼，但它帶給我的從來不是

* 譯注：美國加州一間歷史悠久的咖啡豆烘焙坊，成立於一九三五年。
** 譯注：法蘭克．洛伊．萊特（1867-1959），被譽為二十世紀美國最偉大的建築師，建築作品包括紐約古根漢美術館、落水山莊、東京帝國飯店等。

疼痛。任何有過偏頭痛的人一定會告訴你，它很殘忍。

我打給我的內科醫生庫爾特，她開了高劑量的藥給我。當我吃完藥，一躺下來便覺得天花板在旋轉，而這種感覺幾乎就和偏頭痛一樣可怕。

當我們在西岸時，我的偏頭痛斷斷續續地發生。我覺得是移植物對抗宿主疾病，不過彼得不這麼認為。他說，這只是我的身體在對「新的我」有所反應。這就是我們極為不同的地方。他很正面，但我不是。我疑神疑鬼，他深信不疑。我很害怕，他有信心。他說，我的身體並沒有在排斥什麼，它只是在調適。

彼得從來不會用負面的態度對待我，他就是拒絕這麼做。而且面對我的焦慮，他總是泰然以對。他不會朝著心神不寧的方向去，他也不希望我去，所以他總是把我拉回來。我不知道他是怎麼做到的——因為我總是很快就開始焦慮。

我回到紐約後，庫爾特醫生提高了樂復得（Zoloft）的劑量，那是我自從移植後便一直服用的藥物。到了九月底，偏頭痛就不再發生了。

• • •

我想念威爾斯，思思念念著茱莉亞和理查。理查已經八十八歲了，而且他的帕金森氏症一直在惡化。去年，他跌斷了大腿骨。茱莉亞半夜起床，發現他癱坐在樓梯上。我不知道我還能去探望他們多少次，於是我們決定啟程。

夜晚從甘迺迪機場起飛的班機沒有誤點，但我們的轉機處都柏林卻在下雨。冷冽的天氣裡，我們沿著天篷朝著目標——轉機前往布里斯托的另一個航廈——走去，這實在是漫長又令人害怕的一段路。我想我應該先預訂輪椅，但我選擇讓自己先焦慮，然後再為自己的長途跋涉感到驕傲。

茱莉亞和理查的農舍名叫「白河」，那裡宛如《南海天堂》（*Brigadoon*）裡，每一百年只出現一天的神祕小鎮。它古老、恆常不變，隱身在我們所走的蜿蜒小徑上，但霎那間，你會發現眼前的雲霧豁然開朗，而它就在那裡——樸素的白色房子，被古老的石造矮牆簇擁著。他們的狗兒豆豆在車道上等著我們，幾隻雞在農舍附近自在地閒晃，不過理查沒有辦法親自來門外迎接我們。

可怕的疾病粉碎了我們的端莊與風度，讓我們無力好好呈現自己。然而，許多時候，我們內心的自我仍然存在，就像理查，即使他瑟縮在椅子裡發出微弱的聲音，卻仍然散發出睿智、安慰、真誠與力量。某天下午，當我們兩人獨處時，他表示自己並不害怕死亡。

傑瑞也說過同樣的話。我不明白。理查很平靜，這和我當初的感受很不一樣，我當時急切地一心求死。

儘管他在病痛中——刺耳的鬧鈴聲提醒著他該吃藥了，以及我們傷心且憂慮地看著他顫顫巍巍地起身、舉步維艱——即便如此，我們的相聚仍然令人安慰，甚至是喜樂。理查傷心地談起他們的女兒波比，她將和先生山姆及兩個幼兒搬到雪梨去。他們完全理解她為何需要前往雪梨、甚至在那裡定居。我們對此深表同情。波比和山姆還年輕，他們還在試著釐清人生的方向；他們此刻亟欲探索世界。我們追求的是安逸，只想盡可能地重溫自己已找到的快樂。

這次的拜訪和之前相似，而且我們同樣感到一切珍貴無比且時光飛逝。

我們待在溫馨的農舍裡，只要大喊就可以聽得見彼此。茱莉亞幫我預約了兩次按摩服務；她說，當她第一次體驗時，她覺得自己「健康又快樂」。沒有人比茱莉亞更會說話，也沒有人比理查更睿智了。我們一起打橋牌。由於我的體力不太好，要適應五小時的時差頗為吃力，所以由茱莉亞和彼得帶著豆豆去散步。彼得和我一樣熱愛威爾斯的美麗。我和茱莉亞在廚房裡忙進忙出，我吃著巧克力糖霜薑餅和奶油烤餅，聊著理查的跌倒，在這種情況下所面臨的壓力和恐懼，茱莉亞的小說，我們共同認識的朋友們。我是否會重新拾筆寫作？我說，不，我那部分的人生已經結束了。

「不可能。」茱莉亞說。

「真的。」我堅稱。

唯一沒有談到的，是那件令我擔憂的事。這地方幾乎就像第十街一樣，是我的家。交流、友誼、笑聲和理解是我最喜歡的運動，而這裡就是最佳的比賽場地。我不知道如何在這裡開車，我也不知該如何從雞窩裡取出雞蛋，不過我會用雅家爐煮飯，而且傑瑞的骨灰灑在這裡。為什麼一個布朗克斯區長大的猶太人，骨灰會散布在威爾斯的草原上呢？因為這裡是我們最快樂、展現出最好的一面的地方。所以我沒有問：**理查走後，你會搬離白河嗎**？令人心碎的是，這失落顯然很快就會發生了。

在失去所愛之人後，你要做什麼？沒有人知道問題的答案。

茱莉亞是否會賣掉白河的家，甚至搬到澳洲，以住得和波比近一些？澳洲。那可是地球的另一端啊。我無法去想未來，不過我應該是變勇敢了吧，因為我的確在規劃未來。

•
•
•

二〇一九年二月，我接受幹細胞移植滿一年了。

潔西執導並與其他人共同編寫了一齣音樂劇《愛麗絲之心》，將要在上城區五十七街附近一間美麗的外百老匯戲院首演。這是關於一個名叫愛麗絲的少女，於二戰期間在倫敦地鐵站躲避空襲的故事。藉由一本她再熟悉不過的故事書《愛麗絲夢遊仙境》，她找到了屬於自己的精神、勇氣並重返生活。這齣音樂劇就像是另一個版本的愛的隧道之旅。

在前往VB診間的路上，我和彼得在電梯外遇到他。我可以去戲院嗎？我問他。我記得我告訴他：「那是一間明亮的小型戲院，非常乾淨。（但有這種事嗎？）」可以，他說。天啊，太棒了！我可以出門了。我可以和一群人坐在一起，享受同樣的體驗了。我們要去看潔西的首演。或者說，這是我的首演呢？這是她的劇，但同時也是我的解禁派對。當我和彼得穿過人群——人群！——進入戲院，看見她站在走道的另一端。儘管她很緊張，但我們的快樂實在是不分軒輊。她看起來美極了，整個人容光煥發。看到彼此，我倆不禁淚眼汪汪。她開始跟身邊的人解釋，為何我們兩人都如此激動，但這故事太複雜、太個人了，所以她只能不斷地說：「我不敢相信你來了。」

我和海瑟也再次相約喝咖啡，每一次都聊得滔滔不絕。後來，她也開始帶著洛文出席我們的週日早餐約會。洛文已經是可愛的兩歲小男孩了，上一次見到他，是在我和彼得的結婚派對上。我不能抱他——我有可能被傳染——但我做鬆餅給他吃，他很捧場。彼得陪他玩躲貓貓，每一次他躲起來時，總會自己大喊：「我在這裡！」

• • •

如今，我只要每三個月向范貝森醫生報到即可，而且我每週也只需要和潔西卡進行兩次的復健運動。不過我的頭髮就怪了，好的方面是，它非常濃密，但是捲得亂七八糟，摸起來像細軟的鋼絲，既古怪又不受控。梅芮蒂思稱之為「快樂髮」。在我生病以前，我曾在推特上定期撰寫標注 #TheHairReport 的短文，主要是關於女人不在意天氣，只在意天氣會對自己的頭髮造成什麼影響。如今，我的頭髮彷彿有自由意志似的，完全不受天氣影響。我試著習慣這點。我想，**好吧，我就永遠頂著一顆怪異狂野的頭髮吧，它就是這樣**。尤金仍然能讓它乖乖聽話，不過我想難度應該提升了不少。

• • •

春天的時候，在某次與范貝森醫生的會面中，他說：「接受移植兩年後，是急性骨髓性白血病最容易捲土重來的時候。」

兩年。那就是二〇二〇年的二月。我不知道這件事，我以為移植已經解決一切問題了。我不發一語，只覺得心臟撲通撲通地跳得好快。我只剩九個月了。在接下來的看診時間裡，我沒有再說任何一句話，雖然彼得就在我身邊，但我沒有向他提起這消息讓我多不安。我也不知道為什麼，反正我就是沒有說出口。我開始數日子，每一天，我都離二〇二〇年二月、離危險期更近了一點。我現在是如此快樂，我不敢想像白血病捲土重來會怎樣。我們飛到加州去探望彼得的孩子和孫兒女們，然後再開車下到洛杉磯，與每一個我愛的人碰面。我和彼得還和蒂娜、她的先生馬帝去看了道奇隊的比賽。我們坐在太陽下，由於我做過化療，這讓我覺得陽光尤其猛烈——這是有科學根據的——所以我只能撐完五局，不過我吃了美味的德式香腸。熱狗和球賽一直都是絕配。我們還見了菲爾、吉兒，以及他們的孩子菲雅和艾默特，我決定把甜甜的床寄給菲雅的貓咪，韋恩．桑切斯。

有個陰影籠罩著我生活中的一切，因為明年就要來了，我的病可能會復發。有一天，我在彼得的辦公室裡晃來晃去，我告訴他，我對ＶＢ的話耿耿於懷。彼得把他的椅子轉向我。「ＶＢ沒有這麼說。他是說，『兩年後，你的白血病幾乎可說是永遠不會回來了』。」

「你大錯特錯。」我說。

我們各持己見。「我聽到了。」我不斷告訴他。

「他不是這麼說的，」彼得說，「他說，兩年後，你的病幾乎不可能再復發。」

為了證明彼得聽錯了，我去找VB確認。

彼得是對的，我把VB的話完全聽反了。我把正面聽成負面。無論到哪裡，我都小心翼翼地呵護著這份恐懼，讓它糾纏我、玷汙新生活的每一個部分。我的聽力啊。不意外，我那糟糕的聽力。我應該對VB說：「什麼？」我應該說：「**你說什麼？**」但我反而接受了判決，然後帶著它橫衝直撞。

• • •

就在我搞清楚這件事之後，有一天早上，我坐在電腦前，開始在Petfinder.com*的搜尋欄裡打字。

---

* 譯注：動物媒合、收養網站，使用者可以從數以千計的收容所和救援組織中搜索狗和貓並收養牠們。

我極度想念甜甜。我想念她爬樓梯的聲音，想念她和她會吱吱叫的大猩猩玩具擠在一起的樣子，那隻大猩猩如今就坐在我工作室的書架上。我想念她想要吃零食而緊跟著我的樣子，想念她為我所帶來一切的愛、行為舉止和對話。彼得從來沒有養過狗，不過他也想要一隻狗。

在狗兒認養網站上搜尋實在讓人上癮，這件事開始占據我的生活。事實上，我在上Petfinder.com的那一刻就知道，若不找到一隻狗，我根本別想正常過日子。不過話說回來，我最近的生活實在算不上是正常，所以這點變化也不算什麼。我之所以想要養夠，同時也是想藉此告訴自己，我相信我會活下去。

我想要一隻母狗（我認為牠們比公狗好相處），而且當我和彼得去加州時，她可以跟著我們上飛機，所以她不能重於七公斤。再者，雖然網站上有很多獅子犬或吉娃娃，但我並不是很喜歡這兩種狗。此外，我想要年紀大一點的狗。我是老人，我的狗應該也要是老狗才對。

我有個朋友介紹我認識紐約市動物收容所的蒂芬妮．萊西（Tiffany Lacey），她人很好。我後來把她介紹給其他朋友，她也成功幫我的兩名朋友找到非常合適的狗。不過現在她沒有任何符合我需求的狗。

有一天，我在公寓大廳遇見露西。

露西是小型的哈瓦那犬，就像甜甜一樣。我熱愛哈瓦那犬，因為牠們很有趣。我說不上原因，不過這是真的，而且我確定每個哈瓦那犬的主人都知道這點。於是我問露西的主人安，她是在哪裡找到露西的。「愛與和平哈瓦那（Peace Love Havanese）」，她說，「就在紐約的胡士托（Woodstock）那一帶。」

愛與和平哈瓦那。還有比這更好的名字嗎？

我一點都不意外，我又在公寓大廳找到解決之道了。

我的第一隻狗小菊是從收容所領養的，不過甜甜不是。沒有什麼比向人解釋你為何花錢買狗更讓人心生罪疚了，畢竟有那麼多狗需要被救援。不過我的確曾花錢買狗，而且我認為此時的我很可能會再做一次。

我看著那個網站。清楚、整齊、友善，提供了詳盡的品種資訊，還有一大堆飼主抱著狗兒的快樂照片。我們打電話給飼育員黛安．莫歇（Diane Moshe），並且聊得很愉快。她年輕時曾住過布魯克林，然後又搬到格林威治村，我認為這是個好兆頭。我問她是否有不再生育、年齡較大的母狗可供認養。「海蒂。」她說。不過她向我們說明，海蒂可能不是很好養，她不確定海蒂是否能適應城市生活。如果我們願意的話，可以親自走一趟見見她。

我掛上電話，和彼得討論我們是否應該租一台車，北上去見海蒂。我們有朋友住在附近的京斯頓（Kingston），所以我們可以順道拜訪朋友，把這當成一日遊。有何不可呢？當我們在思考的時候，電話響了起來，是黛安。她還有另一隻狗，叫做夏綠蒂。夏綠蒂只有六個月大，黛安本來打算留她作種犬，不過她太小了。她說，夏綠蒂將會非常適合我們，我們何不也見見夏綠蒂呢？

她寄了一張照片給我。夏綠蒂是一隻有著白色腳掌、白色肚皮和些許白色鬍鬚的黑狗，她的毛像窗簾似地垂在地上，張開的嘴巴吐著舌頭，看起來傻里傻氣的。我馬上想著，**好，如果我們死了，我們要把她交給誰**？我一定得為此計劃，因為夏綠蒂會活得比我久，而且說不定活得比彼得還長。即便領養狗兒是如此開心的事，死亡的陰影仍然揮之不去。不過，現在的我已經能以平常心看待了，這就是老年生活的日常。我馬上就想到至少四個可以收留她的朋友。

那個星期天，我們出發前往胡士托，去看海蒂和夏綠蒂。

黛安的房子是一間樸實的尖頂木屋，我們一開進車道，就聽見哈瓦那犬此起彼落的快樂吠叫聲。我們顯然來對地方了。

黛安的客廳非常溫馨，連壁爐裡燃燒的柴火都顯得可愛。隔壁房間裡，有三窩小狗在喝奶。這些小狗好嬌小，每一隻都比我的手掌略小一點。有幾隻比較大的狗在我們身旁追逐嬉戲。玻璃拉門外，還有好幾隻幼犬巴著玻璃跳上跳下，一心想要進來。

要做出決定，其實不需花什麼力氣。黛安把海蒂放在我的大腿上，海蒂馬上就跳起來跑走了。黛安再把夏綠蒂放在我腿上，夏綠蒂立刻依偎著我，舔舐著彼得的手。她馬上成了我們的狗。

黛安會讓她結紮，我們下週日再來接她。

黛安建議我們，我們可以依喜好改叫她其他名字。不過《夏綠蒂的網》裡面那隻名叫夏綠蒂的蜘蛛，是我最喜歡的小說角色。她救了小豬韋伯一命，而且在書的最後，也就是夏綠蒂死後，作者E．B．懷特（E. B. White）如此寫道：「很少有人能同時既是真正的朋友，又是優秀的作家。而夏綠蒂兩者兼具。」

這也是我的志向：真正的朋友和優秀的作家。為我們的小狗取名為夏綠蒂，似乎是理所當然的事。

結果，夏綠蒂是隻超級愛討抱的狗，不過她走路倒是相當快。如果你在第十街上看到一名七十多歲的英俊男士，帶著一顆四公斤的黑白相間毛球，那絕對是彼得和夏綠蒂。

•
•
•

我很想見見我的捐贈者。在移植一年後，如果雙方都同意的話，我們是可以見面的。我可以和成人捐贈者見面，不過不能聯繫那名嬰兒（或者嬰兒的母親），如今他的臍帶血也是我的血液了，我只知道那是名男嬰。

救我一命的人到底是誰？他或她住在哪裡？哪個國家？說著什麼語言？生活過得如何？為什麼要捐贈骨髓？我從來沒有想過要捐贈自己的幹細胞，去拯救一個素昧平生，並且在年齡、宗教與政治上都與我無關的人。一直到我姊姊生病之前，我都不知道有骨髓銀行這種機構。

我告訴范貝森醫生，我很想見見我的捐贈者。幾週後，我收到一封來自Be the Match的電子郵件，隨信還附上了對方當初簽署的聲明：「請在表格下方簽名，以示你已閱讀完整內容，願意向你的捐贈者或受贈者揭露你的個人資訊。」

她以清楚的正楷簽下自己的名字：凱西．麥克琳（Casey McClaine），也填寫了自己的電話號碼、電子郵件信箱，以及居住地：佛羅里達的尼斯維爾（Niceville）。

尼斯維爾？我的捐贈者住在一個名為尼斯維爾的小鎮？我簡直不敢相信，這實在太神奇、太完美了*。

尼斯維爾到底在哪裡？Google是這麼寫的：

尼斯維爾是位於美國佛羅里達州奧卡魯沙（Okaloosa）郡的城鎮，附近為埃格林空軍基地（Eglin Air Force Base），其座落於流入查克托哈奇灣（Choctawhatchee Bay）的沼澤河口（Boggy Bayou）旁。根據二〇〇〇年的人口普查，尼斯維爾的人口為一萬一千六百八十四人，二〇一〇年的人口則是一萬兩千七百四十九人。

奧卡魯沙、沼澤河口、查克托哈奇——這些美麗的字彙召喚出雲霧繚繞的奇幻景致、富有異國情調的花朵，以及大型羽翼鳥禽。光是聽到這幾個字，我都想搬過去住了。簡而言之，那裡就是佛羅里達的黃金海岸。

二〇一九年九月十七日，我寫給凱西．麥克琳的電子郵件：

---

* 譯注：由於尼斯維爾的英文Niceville按字面來看也是Nice Ville，即「好城鎮」的意思，以至於作者對這可愛的巧合感到驚喜。

親愛的凱西，

我想要謝謝你成為我骨髓移植的捐贈者。因為你，我才能活著。收到如此寶貴的禮物，說真心話，我實在不知該如何感謝你才好。但我希望我至少能透過電話表達我的感謝，如果你不介意的話。

我住在紐約市。

我有你的電話，但我不希望突如其來地嚇到你。請讓我知道是否可以打電話給你，以及何時方便。

衷心感謝。

迪麗亞・伊佛朗

整整五天，我都沒有收到她的回信。我心想，這真是奇怪。我大概和四十五個人談起這件事吧。於是我又傳了簡訊給她。或許她比較習慣用簡訊，至少大部分的人是如此。

二〇一九年九月二十三日，我傳給凱西的簡訊：

嗨，凱西，

我是你的骨髓移植受贈者。我在一週前寫了封電子郵件給你，不過沒有收到回覆。我只是想打電話給你並謝謝你。你是我現在還活著的原因。如果你願意通電話的話，請讓我知道你何時方便。如果你不願講電話，也請收下我衷心的感謝。

迪麗亞・伊佛朗

二〇一九年九月二十六日，凱西傳給我的簡訊：

迪麗亞，謝謝你聯絡我。很抱歉我回覆晚了，因為我去度假了。我很願意和你通電話。明天任何時候，以及星期六、星期日、星期一的白天我都有空。如果這些時段你方便的話，那我們很快就能通上話了！謝謝你願意和我聯繫並表達謝意！凱西。

她顯然是個謙和有禮且通情達理的人。在我聽聞當一個移植捐贈者是多麼複雜、甚至令人畏懼時，我不禁猜想，捐贈幹細胞的人應該都是熱情、體貼、聰明的人吧。

我試著回想自己是否打過這種意義重大的電話，例如我和彼得的第一次通話便帶著某種可能性。不過這通打給凱西的電話，對我的未來沒有影響，而是要感謝她賦予我未來。

我打了電話過去，但她沒接，隨後我收到她的簡訊，表示她在超市耽擱了。接著，她打來了。她真的好和善。

我再三向她表達我的感謝，並詢問她整件事情的始末。

她在二十五歲時向DKMS登記捐贈，那是一間源於德國的骨髓捐贈中心。誠如我之前所提過的，所有的骨髓登記系統都是全球性的。二十五歲。在我看來，在這麼年輕的時候，就意識到自己有機會拯救生命，真的很了不起。當她捐贈骨髓給我時，她二十七歲。她在聖路易斯長大，她的母親是名護理師，是她告訴凱西這項資訊的。「我之所以去登記，是因為我認為每個人都應該這麼做。如果其他人可以的話，他們應該也去登記。」

她把申請表和半杯唾液寄給了DKMS。「一年半過去了，我沒有聽到任何回音。我是真的很想知道，甚至還試著調查我是不是真的登記成功了，但都徒勞無功。然而就在幾個星期後，我竟收到與你配對成功的通知。」

DKMS寄給凱西的電子郵件：

嗨，凱西，

希望你一切都好。我們非常感謝你登記成為骨髓捐贈者。我稍早打電話給你並在語音訊息中告知你一個好消息——有名病患的醫生選擇你成為吻合的捐贈者，而那名病患已經準備好要接受移植了。所以，此刻他們想要問你是否願意捐贈骨髓給那名病患。

「好。」她回答。

她被告知，這是個「創新」的移植療程。

「你受邀參與一項創新的治療方案，受贈者患有急性骨髓性白血病。受贈者將會在進行臍帶血移植後，接受半吻合非親屬骨髓或周邊血液幹細胞之移植。」

她明白這是什麼意思嗎？連我這個接受治療的人都無法完全明瞭。不過她真的懂，而且她還說：「『創新』所代表的意義對我來說太迷人了，因為移植成功的相關研究有可能在未來造福其他人。」那封電子郵件的最後一行是：「你不會因參與該項創新治療而受益。」

基本上，這句話的意思就是：「你不會從中受益。」我想，這是指金錢上的利益吧？還是生理上的呢？那麼，因著情感上的慷慨或救人一命而得到的精神上的報酬呢？

她的捐贈時間很緊迫。當時是十二月，而我的移植預計在二月進行。凱西說：「我收到許多表格，我把它們印出來、填寫、掃描、寄回去，裡面都是各種關於我的健康資訊。」然後她要去當地的診所抽血。「他們分析我的情況，以確保我是健康的。」她說。在這過程中，她的說法是，她「很興奮」。

在她通過所有檢驗後，他們寄給她一張機票。她從德斯坦華頓堡海灘機場（Destin-Fort Walton Beach Airport）飛到亞特蘭大，再轉機前往華盛頓特區。

抵達華盛頓特區後，她到喬治城大學醫院（Georgetown University Hospital）進行身體檢查。他們把她安頓在醫院隔壁的旅館裡，她可以搭乘Uber和Lyft，然後將發票寄給他們報帳。一天後，她就搭機回到佛羅里達了。

接著，她收到了最後的核准通知。

有人告訴我，許多捐贈者在這個階段退出了，不是因為沒通過生理要求，就是因為他們改變心意了。

真正汲取幹細胞的準備工作是相當嚴格的。快遞將Neupogen這種藥物以低溫冷藏的方式送到她家，包裹的標示上寫著「盡快放進冰箱（蔬果區為佳）」。Neupogen是刺激白血球生長的藥物。連續四天，會有護理師到府為她施打該藥物。她同時也要注意幾件事，包括在捐贈兩週之前不可服用某些藥物：阿斯匹靈、布洛芬（Motrin）、安舒疼（Advil）。在捐贈前兩天，要服用非處方的鈣片；捐贈前四天不可飲酒。捐贈前一天，攝取大量水分並禁絕咖啡因。捐贈當天早上要多喝水，避免咖啡因，要吃富有蛋白質的健康早餐，並且穿著寬鬆的衣物。

捐贈幹細胞顯然要花不少力氣。飛來飛去，接受醫療檢查，先花自己的錢再申請給付，填寫一堆表格，避免某些飲食，攝取某些飲食，還要接受注射。這是勇敢。這是不方便。這是真正的善行。這是仁慈。

二月中的時候，她再次飛至華盛頓特區，這次她的男友陪著她在與喬治城大學醫院相連的旅館裡住了兩晚。

她還寄給我一張她正在捐贈幹細胞的照片。她身穿藍色T恤，蓋著被子躺在病床上。她長長的黑髮綁成馬尾，露出年輕天真的臉蛋。她的身上插著兩條點滴導管，連著一台巨大、有著各種旋鈕和按鈕的複雜機器。一條點滴管將她的血液輸至機器裡並採集幹細胞，另一條點滴管則將採集完的血液輸回體內。凱西看起來有點茫然。當然，她在微笑，無庸置疑，她是開心的，不過同時也看起來很脆弱。不論是看著照片，或是在電話中與她交談，我都覺得她是個精力充沛的年輕女性，若是我有她一部分的精力就好了。當他們採集她的幹細胞以拯救我的性命時，她得躺在床上五個半小時。

我和凱西仍然保持聯絡。「我花了好一段時間才決定自己的志向。」她說。二〇一九年，她進入佛羅里達大學就讀，打算取得健康教育與行為（Health Education and Behavior）學位並成為合格的健康教育專業人員。

「當我收到你的電子郵件時，」凱西說，「我簡直開心到飛上天了。我不敢相信自己竟然有機會可以幫助別人。我也很好奇，不知道你會不會想要聯絡我，若是如此，我一定會把握機會去認識這個受我幫助的人。」

•••

生活逐漸回到正軌，我即使獨自一人也不會感到焦慮了。彼得飛到丹佛去探望朋友，並且到摩押市去泛舟。他想念他的紅色峽谷。我的妹妹海莉來陪我。為了去吃我們童年時期最愛的點心洋蔥起司牛肉堡，我們走了十條街到餐廳吃飯，然後再走十條街回家。這真是一大勝利。

彼得不在時，我和艾瑞克吃飯。他是音樂劇作曲家，也是我們的鄰居。席間，我和他聊到我在北卡羅萊納州的奇遇，我在那裡發現自己筆下的事物。吃完飯後，我送他一本《三人行必有我獅》，並說這或許可以改編成一齣不錯的音樂劇，不過我只是隨口說說而已。

然而他在讀完小說後，竟然同意我的說法，於是我們隨即開始每週一次在我家餐桌上碰面，討論故事、架構、歌曲。在艾瑞克教導我如何編寫音樂劇時，我們吃了好多爆米花。要掌握要領並不容易，這是嶄新的領域，不過艾瑞克既聰明又好相處，而且他就住在我家樓下，沒有比這更棒的事了。我在傑瑞與諾拉剛生病時所夢到的小說，如今竟然可以改編成音樂劇，這是多麼美妙啊，讓我感到無比平靜。這感覺又回來了，它讓我沉醉於快樂的想像世界中。

就這樣，我又開始寫作了。

• • •

二〇二〇年二月，是我和范貝森醫生的兩年之約，也就是移植後兩年。我們坐在二十六號診間。「這次只是社交拜訪而已，」范貝森醫生如此說，「現在你再度罹患白血病的機率就和我一樣，而我從來沒得過。」

我幾乎是跳著離開診間的。我和彼得到三樓的另一頭打招呼，剛好在走廊上遇到了羅伯茲醫生和她的團隊，她正要趕去上一個歐洲廣播節目。我忍不住把我的好消息和她分享，她聽了雙眼發亮，給了我一個擁抱。他們在我身邊吱吱喳喳地講個不停，伊夫尼說我是搖滾巨星。那當然囉！

我現在可以搭地鐵了，於是我們搭Q線回家。

我的社區又重回我的懷抱了。我到古董店找榮恩天南地北地聊天，談著他最近看了什麼戲，就像從前一樣。我可以在擁擠的用餐時間，吃著安蒂諾里餐館的香烤墨魚。餐館的老闆法蘭克看到我，他開心極了。我所到之處，人們總以快樂的心情為我的勇敢喝采，這讓我覺得很窩心。不過我不覺得自己勇敢，我只是被狹持踏上毫無退路的旅程罷了，一趟只能進、不能退的旅程。而且，我只不過是幸運地存活下來而已，我在科學有所發現時罹患了這個疾病，以至於我有很好的藥物，同時也享有眾人的關愛。

還有幸運。它在我故事中扮演了重要角色。**幸運**也可以說是**奇蹟**嗎？我不知道，但我所擁有的幸運，幾乎可算是奇蹟了。我很幸運，我的網路壞了，我將之寫出來公諸於世，導致彼得讀了文章並寫信給我。我很幸運有羅伯茲醫生，當我發病時，她已經是我的醫生了，而且就在我罹患急性骨髓性白血病大約一週內，恰好是我每六個月一次的例行檢查。在治療過程中，我從各種因緣際會中受惠。因緣際會——各種奇妙的事件全都湊在一起，這是我和彼得剛開始通信時，常常提到的詞*。根據羅伯茲醫生所述，當我生病時，有十種急性骨髓性白血病的新藥（包括CPX-351）剛被研發出來，在此之前，「有好多年什麼都沒有」。這巧合就像單倍體臍帶移植法（結合成人捐贈者與臍帶血）的發明一樣，適用於像我一樣找不到完全吻合的捐贈者的病人。而且，醫學界也首次提出了新的概念，像我一樣超過七十歲的老人，也有可能進行移植。

我的朋友們都是我這趟旅程的旅伴，他們每一個人都是如此特別。

尤其是彼得，他一直陪伴著我，堅定不移地度過這一切。

---

* 譯注：原文為confluence，主要是指河流的匯流處，而此處意指多方因素所促成的結果。

一層又一層的幸運，包覆著我的不幸。

從鬼門關前走了一遭，我至今仍然對於過往的經歷與如今擁有的奇蹟驚嘆不已。

最令我快樂的是，我又開始寫作了。每一天，我坐在我的工作室裡，打開電腦開始寫作。

於是，我寫下了我的故事。

致謝
Acknowledgements

二〇二〇年四月，就在紐約市因新冠肺炎封城之際，我請茱莉亞・貝里斯（Julia Baylis）檢閱我電腦裡所有的電子郵件、簡訊、草稿，以及通話紀錄，並從中找出二〇一五年十月至二〇一八年二月這段期間與我生活有關的資料。茱莉亞把每條紀錄都整理好，以日期排序，集結成五本厚厚的活頁簿，成為本書的基底。若沒有她的協助，本書絕對無法問世。

本書所有內容，皆來自我的記憶和研究，我已經盡我所能地確實記錄相關醫療事實。只有在非常少數之處，我會改寫某些細節以保護當事人的隱私，例如傑瑞並沒有名叫露露的親戚。我編造了這個名字，因為我不記得那名女性的名字，不過故事倒是真的。

所有的電子郵件和簡訊內容皆照實節錄，唯有少數段落被刪減。感謝每一個允許我提及他們並使用他們名字的人。那篇關於威瑞森電信的《紐約時報》專欄文章，報紙上的版本其實比較長，而且我又在書中稍微修改了內容，希望它因此變得更好了，畢竟我對自己的作品總是吹毛求疵。

感謝每一位我最親愛的朋友，你們與我一起踏上了這趟旅程，並且在讀了本書的初稿後給予建議，無止盡地和我討論草稿內容：莎拉・鄧恩（Sarah Dunn）、蒂娜・戈德史東（Deena Goldstone）、茱莉亞・格雷森（Julia Gregson）、潔西・尼爾森（Jessie Nelson）、娜塔莎・格雷森・華格納（Natasha Gregson Wagner）和梅芮蒂思・懷特（Meredith White）。我也要衷心感謝喬恩・拉普克（Jon LaPook），你的善良、智慧和友誼幫助我在恐懼中找到出路。致西奧德琳達・迪雅茲（Teodolinda Diaz）——也就是大家熟知的琳達・迪雅茲——若不是你，就沒有今天的我。致艾瑞克・邵爾（Eric Schorr），謝謝你仔細地閱讀我的著作，讓我重回寫作的世界。致我的公寓，這裡是格林威治村的樂園。致我所有的朋友和一些親戚，是你們讓我從隧道中重見光明：艾麗斯・阿巴伯內爾（Alice Abarbanel）、瑞秋・伯恩斯坦（Rachel Bernstein）、海瑟・查普林（Heather Chaplin）、吉兒・科德（Jill Cordes）、史蒂芬・厄爾（Stephen Earle）、米切爾・格羅斯（Mitchell Gross）、安娜・哈勒里（Anna

Harari）、蘿倫・荷布斯（Lauren Hobbs）、蕾貝卡・庫爾特（Rebecca Kurth）、凱特・里爾（Kate Lear）、喬爾・梅森（Joel Mason）、蓋兒・摩納哥（Gail Monaco）、海倫・沈（Helen Shim）、尤金・史密斯（Eugene Smith）、蘇・特里多（Sue Territo）和呂克・韋斯丘倫（Luc Verschueren）。感謝伊蓮娜・塞伯特（Elena Seibert）為我們拍下美麗的照片。感謝我最棒的妹妹們，海莉・伊佛朗（Hallie Ephron）和艾美・伊佛朗（Amy Ephron）。

致諾拉（Nora），謝謝你為我的生命帶來如此多的喜樂和冒險，更讓我認識了彼得、梅芮蒂思、琳達、潔西和喬恩。

致我那優秀又富有同情心的醫生：蓋兒・羅伯茲（Gail Roboz）醫生和考恩・范貝森（Koen van Besien）醫生，在此獻上我最深的謝意。我不明白你們的工作是怎麼回事，但感謝老天，你們高超的醫術真是令人歎為觀止。

致物理治療博士潔西卡・薩皮科（Jessica Serpico），我的物理治療師，謝謝你完成了讓我重返世界的工作。

感謝紐約長老會／威爾・康奈爾醫學中心每一位照顧我的人員。感謝西棟十樓那些了不起的護理師們。致蜜雅・格拉斯伯格（Mia Glassberg），謝謝你很快地把多達六千多頁的住院紀錄給了我，而且總是照顧我。

感謝凱西・麥克琳（Casey McClaine）寬大無私的心腸。

致我的姊夫尼克・派勒吉（Nick Pileggi），謝謝你慷慨地提供我一個平靜的處所，讓我可以在冬天寫作。

致我親愛的朋友理查・格雷森（Richard Gregson），逝世於二〇一九年八月二十一日，謝謝你的友誼、智慧和帶給我的喜樂。

感謝琳恩・內斯比（Lynn Nesbit），你是最有才華的經紀人。在我們共事的許多年裡，你總是充滿憐憫、支持並鼓勵我、聰明、明確，而且永遠都值得信任。你是引導我的力量。致英國Janklow & Nesbit經紀公司的克萊兒・康拉德（Claire Conrad），謝謝你將我的故事介紹給更多讀者。

致我在小布朗出版社（Little, Brown）的編輯茱蒂・克萊恩（Judy Clain），因著你的才華和引導／修改／支持，讓本書能夠以最完美的面貌問世。感謝小布朗出版社每一位與我共事的成員：莎賓娜・卡拉罕（Sabrina Callahan）、安娜・迪拉羅莎（Anna de la Rosa）、葉列斯・格里恩（Elece Green）、蜜雪兒・菲格羅亞（Michelle Figueroa）、杰恩・亞非・坎普（Jayne Yaffe Kemp）、熊谷蜜雅（Miya Kumangai）、崔西・羅（Tracy Roe）、克雷格・楊（Craig Young），以及為我設計美麗封面的蘿倫・哈姆斯（Lauren Harms）。

致傑瑞，你是我的指南針，為著我們的愛情和回憶，我感謝你。

致彼得，謝謝你每分每秒都陪伴著我，因為有你，每一天都無比神奇。我愛你。

〔juicy〕001

老派情書　孤單而不寂寞，致豐盛的熟齡人生

Left on Tenth: A Second Chance at Life: A Memoir

作者　迪麗亞・伊佛朗（Delia Ephron）
譯者　傅恩臨
副總編輯　洪源鴻
責任編輯　柯雅云
行銷企劃總監　蔡慧華
行銷企劃專員　張意婷
封面設計　萬亞雰
內文排版　宸遠彩藝

出版　二十張出版／遠足文化事業股份有限公司
發行　遠足文化事業股份有限公司（讀書共和國出版集團）
地址　新北市新店區民權路108-2號9樓
電話　02・2218・1417
傳真　02・2218・8057
客服專線　0800・221029
信箱　akker2022@gmail.com
Facebook　facebook.com/akker.fans
法律顧問　華洋法律事務所／蘇文生律師
印刷　前進彩藝有限公司
裝訂　祥譽裝訂有限公司
出版　二〇二三年八月—初版一刷
定價　四二〇元

ISBN｜978-626-97365-5-3（平裝）、978-626-97365-6-0（ePub）、978-626-97365-4-6（PDF）

老派情書：孤單而不寂寞，致豐盛的熟齡人生
迪麗亞・伊佛朗（Delia Ephron）著／傅恩臨譯
初版／新北市／二十張出版／遠足文化事業股份有限公司
2023.08／336面／14.8×21公分
譯自：Left on Tenth: A Second Chance at Life: A Memoir
ISBN：978-626-97365-5-3（平裝）
1. 伊佛朗（Ephron, Delia）　2. 傳記
785.28　　112010346